DAWUD DINIAWARIE (HG./ED.)

URBAN LIVING

VISIONEN NEUEN WOHNENS

Inhalt
Contents

Vorwort
Preface

Volkwin Marg
Architekten von Gerkan, Marg und Partner

Volkwin Marg
Vorwort
Preface

Unsere Gesellschaft ist im Wandel

Wir leben länger. Wir leben beweglicher. Andere Lebensabschnitte schaffen andere Partnerschaften, innerhalb der Familie und außerhalb. Das Generationenverhältnis verändert sich. Arbeit, Muße und Kommunikation vereinbaren wir flexibel.

So wie unsere Gesellschaft wandelt sich auch die Stadt. Die Nutzungen der Häuser wechseln sowieso häufiger als die Häuser selbst. Wo eine Nutzung auszieht, zieht eine andere ein. So wird in ehemaligen Kontorhäusern und Gewerbebauten heute gewohnt. Die Menschen zieht es wieder in die Stadt, besonders die jungen und die alten, sie suchen Geselligkeit und persönliche Kommunikation.

Das Immobilienforum Frankfurt hatte die gute Idee, unter Studenten einen internationalen Wettbewerb im Brainstorming zu veranstalten, wie sich neue urbane Wohnformen in frei werdenden Gewerbehäusern etablieren können. Mit einem Brainstorming zapft man schlummernde Kreativität an. Einfälle werden provoziert für das noch nicht gewohnte Wohnen, für neue Ideen gesellschaftlichen Lebens, für neue Wohnstrukturen in alten Gehäusen.

Die Studenten haben ein Feuerwerk an Einfällen gezündet, praktische und unpraktische, visionäre und utopische, vorstellbare und unvorstellbare. Diese Blütenlese ihrer Zukunftsfantasien zum Wohnen in neuen urbanen Milieus ist hier versammelt, ein Blumenstrauß für die Zukunft.

Our society is changing

We live longer, we are more on the move, and different phases of life create different partnerships, within and outside the family. The generational mix is evolving. We are flexibly combining work, leisure and communication.

As our society changes, so does our city. In doing so the uses of the buildings change faster than the buildings themselves. Where one use ceases, another starts up. Former office and commercial buildings have become residences. People are moving back into the city, especially the young and the old who are looking for companionship and personal contact.

The Immobilienforum Frankfurt had the good idea to sponsor an international student brainstorming competition to see how new urban residential forms could be established in vacant commercial buildings. Brainstorming taps into dormant creativity. New ideas are generated for social living and for new living structures in old frameworks.

The students ignited fanciful fireworks, practical and impractical, visionary and utopian, conceivable and beyond belief. The anthology of their future fantasies about living in new urban environments is presented here as a bouquet for the future.

Neue Formen städtischen Wohnens

Umnutzung von Bürogebäuden zur Entwicklung innovativer Wohnkonzepte in der Stadt

New Forms of Urban Living

Reuse of office buildings to develop innovative urban housing concepts

Dawud Diniawarie
Immobilienforum Frankfurt
Präsident President

Dawud Diniawarie
Neue Formen städtischen Wohnens
New Forms of Urban Living

Umwandlung von Bürobauten
Ein höchst aktuelles Thema

Die Zukunft des Lebensraums Großstadt zu gestalten, ist Herausforderung und Kernaufgabe heutiger Architektur- und Stadtplanung. In vielen europäischen Metropolen zeichnet sich ein verstärkter Trend zum Leben im urbanen Raum ab. Die vielfältigen Angebote an Kultur-, Freizeit- und Serviceeinrichtungen, hervorragende öffentliche Infrastrukturen sowie die Möglichkeit, Wohnen und Arbeiten zu verbinden, tragen zur wachsenden Attraktivität moderner Städte bei. In Europa und den Industrienationen fehlt es jedoch zunehmend an preiswertem innerstädtischen Wohnraum. Die zur Verfügung stehenden Ressourcen an Baugrund für Neubauten in zentraler Lage sind begrenzt und folglich nur mit hohem Kapitalaufwand zu erwerben. Vielerorts besteht jedoch gleichzeitig ein deutliches Überangebot an hochwertigen Bürobauten: Selbst in hervorragenden innerstädtischen Lagen verzeichnen diese gegenwärtig einen beachtlichen Leerstand. Ende des Jahres 2006 war an fünf der sieben wichtigsten Standorte für Bürobauten (Berlin, Düsseldorf, Frankfurt am Main, Hamburg, Köln, München, Stuttgart) ein Leerstand von insgesamt 8,2 Millionen Quadratmetern zu verzeichnen. Bezogen auf den Gesamtbestand entspricht dies einer Quote von 10,9 Prozent. Daraus wird deutlich, dass besonders für ältere Bürobauten, die 30 und mehr Jahre alt und bereits vollständig abgeschrieben sind, ein hoher Veränderungsbedarf besteht. Der Aufwand zur Anpassung an heutige Bürostandards ist dabei enorm hoch. Mit neuen Gebäuden, die durch ihre prominent vermarkteten Adressen an attraktiveren Standorten auftrumpfen, würden diese Bauten auch nach einem Umbau schwer konkurrieren können. Um Abrisse zu vermeiden, sind daher Nachnutzungskonzepte für diese Gebäude besonders gefragt. Im Jahr 2006 waren bereits fast zehn Prozent des Nettozugangs an Neubauwohnungen auf Umnutzungen zurückzuführen. Und dieser Trend wird sich auch mittelfristig fortsetzen, wenn man den ak-

The Conversion of Office Buildings
A highly topical issue

The major challenge and prime task of today's architectural and urban planning is to shape the future of the metropolis as a place to live. In many big European cities, it is possible to register an increasing trend towards urban living. The wide variety of cultural, leisure and service facilities available, excellent public infrastructures, and the chance to organize one's living and working spheres in direct proximity all contribute to the developing appeal of modern cities. In Europe and the industrial countries, however, there is a growing lack of reasonably priced inner-city housing space. The building land available in central locations is limited and can only be acquired with considerable capital expenditure as a result. However, in many places there is simultaneous over-provision of top-quality office buildings: a considerable amount of office space is currently standing empty even in outstanding inner-city locations. At the end of 2006, vacancies totalling 8.2 million square meters could be registered in five of the seven most important office locations in Germany (Berlin, Düsseldorf, Frankfurt am Main, Hamburg, Cologne, Munich, and Stuttgart). In relation to the total office area, this amounts to a quota of 10.9 percent. It makes clear that there is a great need for change, especially in the case of older office buildings that are thirty or more years old and fully depreciated. The expense and effort involved in adapting these to today's office standards are tremendous. Even after conversion, such buildings would find it very difficult to compete with new buildings, which thrive due to prominently marketed addresses in more attractive locations. In order to avoid demolition, therefore, there is a great need for concepts of reuse for such buildings. In the year 2006, almost 10 percent of the net addition of new apartments could already be ascribed to reused property. And this trend is likely to continue in the mid-term, if one credits current prognoses concerning the market developments with respect to office space on

Dawud Diniawarie
Neue Formen städtischen Wohnens
New Forms of Urban Living

tuellen Prognosen zur Entwicklung des Marktes für Büroflächen auf der einen sowie dem für Wohnungen auf der anderen Seite folgt. Die Stadtverwaltungen ermuntern daher zunehmend die Eigentümer von Bürohäusern, leer stehende Büroflächen in Wohnungen umzuwandeln.

Aber auch an neu erschlossenen Bürostandorten hat ein Umdenken in Bezug auf den Wohnanteil eingesetzt. In den meisten Städten haben sich in den bevorzugten Lagen die Mieten für Büroraum und Wohnungen zwischenzeitlich angeglichen, sodass sowohl Umwandlungen als auch von vornherein mitgeplante Wohnnutzungen unter Renditeerwartungen durchaus attraktiv sind. Private und institutionelle Bauherren können mittlerweile mit einem langfristig stabilen Ertrag durch Wohnraumangebote rechnen, die zudem die konjunkturellen Schwankungen von Büromieten auszugleichen helfen. Des Weiteren besteht auch vonseiten ausländischer Investoren eine Nachfrage nach hochwertigen innerstädtischen Wohnimmobilien. Nicht nur Frankfurt, Berlin und München bieten ein hohes Potenzial gut erschlossener Bestandsimmobilien, die dieser Nachfrage – eine Umnutzung vorausgesetzt – entsprechen. Die Lage der dafür in Frage kommenden Bürogebäude, zumeist eingebunden in ein Angebot öffentlicher Verkehrseinrichtungen, fußläufig erreichbarer Einkaufsmöglichkeiten, Restaurants, Schulen, Museen, Parks und Kultureinrichtungen, ermöglicht eine hervorragende Nutzung bestehender städtischer Potenziale für die künftigen Bewohner.

Das Wohnen stellt allerdings grundlegend andere Anforderungen an Bauwerke als eine Büronutzung. Erschließung und Fluchtwege, Raum- und Klimatechnik, Schall- und Brandschutz müssen ebenso neu konzipiert werden wie der Einbau von Bädern, Küchen und sanitären Anlagen räumlich intelligent zu organisieren ist, um neuen und anspruchsvollen Wohnformen zu entsprechen.

Das Wohnen im Stadtzentrum

Die viel diskutierten demografischen Wandlungen der Gesellschaft wirken sich erheblich auf den Städtebau und die Immobilienwirtschaft aus. Die Lebensentwürfe junger wie älterer Menschen verändern und individualisieren sich in immer kürzeren Abständen. In der Folge entstehen gänzlich neue Ansprüche an zeitgemäßen Wohn- und Lebensraum.

So wandelt sich das Profil des Stadtbewohners stetig und deckt mehr und mehr alle Altersgruppen und sozialen Schichten ab: Junge, global denkende und mobil lebende Büroangestellte, die als Singles leben oder als Paar zusammen wohnen wollen, traditionelle Familien und neuartige Lebensgemeinschaften aus Erwachsenen und Kindern, aber auch ältere Menschen, die vormals im hochpreisigen Umland ihren Lebensmittelpunkt hatten und vermehrt neue Kontakte und Lebensformen suchen, ziehen wieder in die Stadt. So bilden sich dort neue, vielfältige Arten des Zusammenlebens und es treffen unterschiedlichste Lebensmodelle aufeinander. Daraus folgt auch eine wachsende Nachfrage nach gut gelegenem, hochwertigem Wohnraum, der durch intelligente Planung flexible und anpassungsfähige Angebote für sich wandelnde Wohnformen bereithält. Das bestehende städtische Umfeld dafür in bestmöglicher Art und Weise umzugestalten, ist eine drängende Aufgabe unserer Zeit, die auf visionäre Konzepte und innovative Ideen angewiesen ist. Nur so wird es gelingen, die Ressourcen der Städte sinnvoll zu nutzen und den Lebensraum Stadt nachhaltig lebenswert zu entwickeln.

In Europa sind die Städte heute geprägt vom Nebeneinander unterschiedlichster Bauformen vergangener Epochen. Besonders die Zentren der Städte sind die Orte, an denen historische Wandlungen ihre deutlichsten Spuren hinterlassen haben. Das extrem schnelle Wachstum und die ungezügelte Verdichtung der Städte

Living in the City Center

The much-discussed demographic changes in society have a considerable impact on urban planning and the property business. Younger and indeed older people's life plans are changing and individualizing at shorter and shorter intervals. As a consequence, completely new demands are being made on modern housing and living space.

The profile of the city dweller is thus changing constantly to cover all age groups and social classes: young, globally-oriented office workers who live mobile lives as singles or perhaps as couples, traditional families, and new types of cohabitation involving adults and children, but also older people whose lives were formerly focused in expensive outlying suburbs, but who are now looking for new contacts and lifestyles – they are all moving into the city. As a result, diverse new forms of urban cohabitation are being created, and a wide range of life models converges. Consequently, there is also a growing demand for well-placed, high-quality housing space, which – with intelligent planning – provides flexible and adaptable opportunities for such changing forms of living. Today, it is an urgent task to convert the existing urban environment in the best possible manner to meet this demand; a task dependent on visionary concepts and innovative ideas. This is the only way to succeed in using our urban resources purposefully and in developing the urban living environment into a place where people are happy to live and go on living in the future.

In Europe today, cities are characterized by juxtaposition of a wide range of architectural forms from past epochs. Historical changes have left behind the most obvious evidence in the city centers in particular. The rapid growth and unbridled concentration of our cities during the course of industrialization led to unbearable living conditions in the urban centers during the nine-

Dawud Diniawarie
Neue Formen städtischen Wohnens
New Forms of Urban Living

im Zuge der Industrialisierung hatten im 19. Jahrhundert zu unerträglichen Wohnverhältnissen in den Stadtzentren geführt. Die extreme Verdichtung der Bebauung und das hohe Maß der Nutzung auf den innerstädtischen Grundstücken führten zu einem ungeregelten und nicht überschaubaren Neben- und Durcheinander. Wohnen und Heimarbeiten in überbelegten Räumen, Tierhaltung und Nahrungsmittelproduktion auf den Höfen, in direkter Nähe zu manufakturellen oder handwerklichen Arbeitsstätten waren die Regel. Gleichzeitig war der Standard in Bezug auf die technische Ausstattung der Gebäude, etwa was das Heizen, die Versorgung mit Trinkwasser oder sanitäre Anlagen betrifft, auf einem nur gering entwickelten und von heute aus betrachtet kaum vorstellbaren Niveau, mit allen nur denkbaren Folgen für die täglichen Lebensumstände der Menschen.

Als Reaktion darauf wurde im frühen 20. Jahrhundert die Funktionstrennung von Leben und Arbeiten zum Leitbild der Planungen. Die Schaffung von lichten und Hygiene gewährleistenden Wohnvierteln einerseits sowie ausschließlich industriell und gewerblich genutzten Vierteln andererseits wurde angestrebt. Den Menschen dadurch saubere, von Licht, Luft und Sonne durchflutete Wohnungen mit Heizung, fließend Wasser und eigenem Bad bereitzustellen sowie menschenwürdige und sichere Arbeitplätze zu erreichen, war das oberste Ziel der Stadtplaner in den 1920er Jahren.

Nach dem Ende des „Dritten Reichs" knüpfte der Wiederaufbau der kriegszerstörten Städte in größtem Maßstab an diese Paradigmen an: Die Neuordnung und Erweiterung der Städte zur dringend benötigten Versorgung der Menschen mit Wohnraum und Arbeitsstätten folgte den Ideen der aufgelockerten und funktional getrennt gegliederten Stadt. In der sich neu formierenden Gesellschaft sollten so die Lebensverhältnisse dauerhaft neu organisiert werden. Dabei sah man für die wieder zu errichtenden Stadtzentren fast nur noch gewerbliche Nutzungen vor, der Wohnanteil ging dort in der Folge

teenth century. The extreme concentration of building and high level of usage on inner-city plots led to a non-regulated juxtaposition and confusion that was difficult to manage. The rule was living and working in overcrowded rooms, keeping animals and producing food in backyards, and all in direct proximity to manufacturing companies or craftsmen's workshops. At the same time, the standards of technical equipment in the buildings, e.g., in terms of heating, provision of drinking water, or sanitary facilities, were poorly developed at a level scarcely conceivable from today's point of view; it is easy to imagine the daily living conditions of the inhabitants.

In response to this, the separation of living and working functions became the leading concept of urban planning in the early twentieth century. The aim was to create open living areas guaranteeing hygiene on the one hand, and districts used exclusively for industry and commercial purposes on the other. Urban planners in the 1920s strove to ensure that people had clean apartments flooded with light, air, and sunshine, as well as heating, running water, and a bathroom, while also seeking to make their jobs and workplaces decent and safe.

After the end of the "Third Reich," the reconstruction of the German cities destroyed in the war adopted these paradigms on a grand scale: the reorganizing and extension of cities to provide urgently needed housing and places to work followed the concepts of the scattered, functionally divided city. In the newly emerging society, therefore, the aim was an enduring reorganization of housing conditions. In this context, the planning of city centers being rebuilt envisioned almost exclusively commercial utilization, and the proportion of housing there consequently fell to below 5 percent in most cases. Links between the different city zones were guaranteed by massive development of roads for private traffic – and the consequences for city dwellers and

Dawud Diniawarie
Neue Formen städtischen Wohnens
New Forms of Urban Living

auf meist unter fünf Prozent zurück. Verbunden wurden die unterschiedlichen Zonen der Städte durch den enormen Ausbau der Straßen für den Individualverkehr, mit den bis heute allgegenwärtigen Folgen für die Lebensqualität der Stadtbewohner.

Mit der Kritik an zunehmend verödet wirkenden Innenstädten und den für viele trostlos wirkenden Wohnsatelliten an den Rändern der Städte setzte in den frühen 1980er Jahren eine Rückbesinnung auf die Qualitäten durchmischter innerstädtischer Gebiete ein. Kritische Rekonstruktion und die Rückkehr des Wohnens in die Stadtzentren kennzeichnen seither den Städtebau in Europa. Neben den ökonomischen und ökologischen Vorteilen kurzer Wege vom Wohn- zum Arbeitsort verstärkt die seit dieser Zeit einsetzende Entwicklung neuartiger Kommunikationstechnologien das Entstehen neuer Arbeitsformen, wodurch sich das zuvor fest gefügte Verhältnis von Arbeiten, Wohnen und Freizeit grundlegend und andauernd zugunsten individuell geprägter Modelle verändert hat. Die zeitweilig zu Verfall und Abriss freigegebenen Altbauten der Gründerzeit wurden durch Grundsanierung und haustechnische Erneuerungen sowie an die Wohnformen des 20. Jahrhunderts angepasste Umbauten flächendeckend instand gesetzt und sind heute wertvoller Wohn- und Arbeitsraum in urbaner Umgebung.

Auch weil diese Ressourcen weitestgehend ausgeschöpft sind, rücken heute verstärkt vormals als Büro- und Gewerberäume genutzte Bauten für Umnutzungen ins Blickfeld. Und dort, wo innerstädtische Brachen neu bebaut werden, wird wieder wie selbstverständlich auf eine Durchmischung der Lebensfunktionen gesetzt. Die in jüngster Zeit geplanten und verwirklichten Großprojekte, wie etwa der Potsdamer Platz in Berlin oder die HafenCity in Hamburg, sehen wieder von vornherein einen Wohnanteil von 30 bis 40 Prozent der Flächen vor. Der Mehrwert eines vitalen und lebenswerten Umfelds ist dabei ausschlaggebend.

their quality of life are still omnipresent today. Criticism of the increasing desolation of our inner cities and of the – in many people's eyes – dismal housing satellites on the urban peripheries led to recollection of the advantages of well-mixed inner-city areas in the early 1980s. Critical reconstruction and the return of urban living have characterized urban planning and development in Europe since then. Besides the economic and ecological advantages of short travel from home to work, the new types of communication technology developed so rapidly since then have heightened the evolution of new work forms, so that the once firmly established relation of work, living and leisure time has altered fundamentally and enduringly in favor of individually shaped models. The old buildings from the Gründerzeit, which had been abandoned to intermittent decay and frequent demolition, were restored on a large scale by means of basic renovation, overhauls in the area of domestic technology, and conversion measures adapted to new forms of living in the twentieth century; today, they represent valuable places to live and work within an urban environment.

Because those resources are largely exhausted, today buildings formerly used for offices and other commercial purposes represent a growing focus of attention in the context of reuse. And in those places where vacant inner-city plots are being developed, it has again become automatic to combine the key functions of new buildings. Large-scale projects planned and realized recently, such as Potsdamer Platz in Berlin or the HafenCity in Hamburg, envision 30 to 40 percent of the space for housing from the outset. The added value of a lively environment – one that people are happy to live in – is the deciding factor in this.

Visionen und Konzepte fördern

Die Vielzahl von gleichzeitig ablaufenden und zum Teil in sich widersprüchlichen politischen, demografischen und wirtschaftlichen Prozessen war und ist also immer eine große Herausforderung für das Gemeinwesen und die Stadtplanung. Dass aber auf Dauer in den Zentren der Städte immer auch gewohnt werden wird, kann nach den Erfahrungen der Nachkriegszeit als sicher gelten. Es werden daher auch künftig neue Wege gesucht und beschritten werden müssen, um bezahlbaren innerstädtischen Wohnraum anbieten zu können. Demzufolge müssen Visionen und Konzepte für neue Formen des Wohnens in der Stadt der Zukunft gefördert werden.

Solchen komplexen gesellschaftlichen Entwicklungen vorausschauend zu begegnen und frühzeitig neuartige Lösungen zu entwickeln, ist eine Form sozial verantwortlichen Handelns, dem sich das Immobilienforum Frankfurt verpflichtet hat. Als überregionales Netzwerk von Entscheidungsträgern der Immobilienwirtschaft bietet es institutionellen Investoren, Developern, Facility-Managern und Architekten die Möglichkeit, Erfahrungen mit neuen Entwicklungen und Beobachtungen von Trends mit Vertretern des öffentlichen Lebens und der immobilienbezogenen Berufe auszutauschen, um gemeinsam Lösungsansätze für drängende Zukunftsfragen zu entwickeln. Aktuell stehen dabei besonders Themen wie die nachhaltige Sicherstellung von Mobilität für alle oder das Erreichen einer zukunftsgerechten Urbanität durch die Schaffung intelligenter und anpassungsfähiger innerstädtischer Wohnformen auf der Agenda. Ziel dabei ist es, neue Leitbilder für die Städte und Regionen zu diskutieren und dabei Antworten auf künftige Fragestellungen zu erarbeiten.

Ein besonderer Schwerpunkt des Immobilienforums ist dabei die Nachwuchsförderung. Die Chancen eines frühzeitigen Einbeziehens der nachwachsenden Generationen von Architekten, Stadtplanorn und Immobili-

Promoting Visions and Concepts

The numerous simultaneous and sometimes even contradictory political, demographic, and economic processes, therefore, remain a great challenge to society and urban planning. However, after the experiences of the post-war era, it may be considered as given that people will continue to live in city centers in the long run. For this reason, in the future we must search for new approaches enabling us to provide affordable housing in the inner cities. There is a need to promote visions and concepts for new forms of urban living in the future.

Tackling such complex social developments with foresight and developing fresh solutions in good time is responsible social action, to which the Immobilienforum Frankfurt is committed. As a transregional network of decision-makers in the property business, it offers institutional investors, developers, facility-managers, and architects the possibility to exchange experience with new developments and observations of current trends with representatives of public life and property-related professions in order to collaborate in the search for possible solutions to urgent issues of the future. In particular, the current agenda covers themes such as how to consistently safeguard mobility for all or achieve an urbanity that is feasible for the future by creating intelligent and adaptable forms of inner-city housing. Here, the aim is to discuss major new concepts for cities and regions today, while working out answers to future questions in the process.

Promotion of the younger generation is a special focus of work at the Immobilienforum. Early involvement of the up-and-coming generation of architects, urban planners and property experts in debate concerning the future of our cities triggers obvious opportunities: young, dynamic students with their fingers on the pulse of the age, preparing idealistically for their future profession, put forward fresh, unorthodox ideas that represent val-

Preisträger im Internationalen Ideenwettbewerb
„Neue Formen städtischen Wohnens"
Prize winners in the International Competition for Ideas
"New Forms of Urban Living"

Jury des Wettbewerbs   Competition jury

Dawud Diniawarie
Neue Formen städtischen Wohnens
New Forms of Urban Living

en-Fachleuten in die Debatten um die Zukunft unserer Städte liegen dabei auf der Hand: Junge und dynamische Studierende, die am Puls der Zeit leben und sich voller Ideale auf ihr künftiges Berufsleben vorbereiten, tragen in sich frische und unorthodoxe Ideen, die ein wertvolles Potenzial und eine große Bereicherung für die fachliche Diskussion darstellen. Darüber hinaus gilt es, junge Planerinnen und Planer frühzeitig an die aktuellen Zukunftsfragen der Praxis heranzuführen und ihnen rechtzeitig die komplexen Zusammenhänge zu verdeutlichen, welche letztlich ihre eigenen Lebensumstände in den kommenden Jahren bestimmen werden. Aus diesem Grund werden vom Immobilienforum Frankfurt regelmäßig Studenten zu Workshops und Wettbewerben eingeladen, um mit ihnen aktuelle und zukunftsbezogene Themen der Wohn- und Arbeitswelt aufzugreifen und zu beleuchten.

So wurde im Frühjahr 2007 gemeinsam mit dem Deutschen Architekturmuseum Frankfurt (DAM) der offene, internationale studentische Ideenwettbewerb zum Thema „Neue Formen städtischen Wohnens" ausgelobt, dessen Ergebnisse hier in Auszügen vorgestellt werden. Der Wettbewerb hatte das Ziel, anspruchsvolle Wohnkonzepte für leer stehende Bürogebäude in deutschen Großstädten zu entwickeln und sie zu bevorzugten Orten des modernen Lebens umzugestalten. Die erarbeiteten Ergebnisse beeindrucken durch ihre vielfältigen Lösungen und ideenreichen Konzepte. Sie sind ein wichtiger Beitrag zur Frage nach der Zukunft innerstädtischen Wohnens und haben das Immobilienforum Frankfurt darin bestätigt, dass Studentenwettbewerbe ein geeignetes Mittel sind, sowohl den Nachwuchs auf diese Weise zu fördern als auch die fachliche und öffentliche Diskussion zu bereichern. Zusammen mit den Beiträgen renommierter Architekturbüros, die im ersten Teil dieses Buches ihre neue Wohnprojekte vorstellen, bietet „Urban Living" ein Blick in die Zukunft innerstädtischen Wohnens und zeigt die vielfältigen Möglichkeiten auf, die diese besondere Bauaufgabe mit sich bringt.

uable potentials and enhance specialist discussion. In addition to this, it is essential to introduce young planners to current and future questions of practice early on and to show them the full complexity of contexts that will ultimately define the circumstances of their own lives in coming years. For this reason, the Immobilienforum Frankfurt regularly invites students to participate in workshops and competitions, where current and future-oriented issues in the worlds of housing and work can be examined and illuminated.

In spring 2007, for example, the open international student competition for ideas on the topic "New Forms of Urban Living" was launched in cooperation with the Deutsches Architekturmuseum Frankfurt (DAM), and the results – or rather some of them – are presented here. The competition's aim was to develop high-quality housing concepts for vacant office buildings in German big cities and so convert them into desirable locations for modern living. The diverse solutions and imaginative plans laid out in these results are impressive. They represent an important contribution to questions of inner-city living in the future, and so confirm the opinion of the Immobilienforum Frankfurt that student competitions are fitting means with which to promote the up-and-coming generation of planners and architects and also to enhance specialist debate and public discussion. Together with the contributions of recognized architectural offices, which present their new housing projects in the first section, this book succeeds in visualizing the future of inner-city living and highlights the various possibilities inherent in this particular task of architecture and planning.

Wohnen
Büro
Wohnen
Ein Zyklus der Immobilienentwicklung

Residential
Office
Residential
A real estate development cycle

Peter Cachola Schmal
Deutsches Architekturmuseum
Direktor Director

Peter Cachola Schmal
Wohnen – Büro – Wohnen
Residential – Office – Residential

„Neue Formen städtischen Wohnens – Umnutzung von Bürogebäuden zur Entwicklung innovativer Wohnkonzepte in der Stadt" versprach das Thema eines studentischen Ideenwettbewerbs, den das Immobilienforum Frankfurt auslobte und das Deutsche Architekturmuseum unterstützte. Der Reiz für das DAM, diesen Wettbewerb zu fördern und den Gewinnern mit der Preisverleihung und einer kleinen Ausstellung in seinen Räumen eine werbewirksame Bühne zu bieten, bestand darin, Wohnen als neue Nutzung in ehemals monofunktionellen Bürohochhäusern zu implementieren. In Bauten, die mit ihrer banalen Nichtgestaltung den Ruf der Moderne verspielt hatten. Aus dem edlen, reduktionistisch gemeinten Motto Ludwig Mies van der Rohes „Less is More" war ein zynisches „Less is Bore" geworden. Die damit bezeichneten Bauten trugen wesentlich zur paradigmatischen „Unwirtlichkeit unserer Städte" bei, wie Alexander Mitscherlich 1965 den traurigen Zustand der Moderne beschrieb.

Experimentelles Wohnen in ungenutzten und umzunutzenden Bürohochhäusern: das ist eine innovative und erfrischende Idee. Bisher stehen diese Bauten unbeachtet in fast allen Bürovierteln der Republik. Sie erzeugen weder Begeisterung noch Ärger, meist nur Ignoranz, und werden derzeit ohne großes Aufsehen abgerissen. Bald wird man sich ihrer nur noch anhand früherer Aufnahmen erinnern, wie bei den längst vergessenen *flyovers* (Hochstraßen für PKW in Innenstädten) aus der gleichen Epoche. Natürlich sollte man ihnen keine Träne nachweinen, aber die Idee, diese Bauten als Ausgangsmaterial, als Sekundärrohstoff der Architektur zu verwenden, zumindest ihren Rohbau beizubehalten und weiterzunutzen, weiterzubauen, ist zukunftsfähig, im eigentlichen Wortsinne nachhaltig.

Das Immobilienforum Frankfurt stellte aus den Reihen seiner Mitgliedsfirmen acht Bauten in fünf Städten zur Verfügung, darunter denkmalwürdige romantische Altbauten oder geplante, noch nicht realisierte Hochhäuser,

"New forms of urban living – From the conversion of office buildings to the development of innovative living concepts in the city" was the subject of a student competition, which the Immobilienforum Frankfurt sponsored and the Deutsche Architekturmuseum (DAM) supported. The interest on the part of the DAM in supporting this competition and providing the winners with an effective stage in the form of an award ceremony and a small exhibition in their premises, was to implement the idea of living as a new use of former mono-functional office high-rises. In buildings which with their banal non-design had damaged the reputation of the Modern. The noble reductionist idea behind Ludwig Mies van der Rohe's motto of "Less is More" became a cynical "Less is Bore." The buildings that were meant contributed substantially to the paradigmatic "inhospitability of our cities," as Alexander Mitscherlich 1965 described the sad state of the Modern.

Experimental living in unused and convertible office high rises is an innovative and refreshing idea. Until now these buildings have stood unnoticed in every corner of Germany. They generate neither enthusiasm nor resentment, mostly just ignorance, and are currently being torn down without great fanfare. They will soon be memories captured in photographs from the time, like the long forgotten flyovers (elevated streets for automobiles in the inner cities) from the same era. No one should shed any tears for them, but the idea to use these buildings as starting points, as semifinished goods for architecture, and at least to retain their shell construction and reuse and expand it, has a future and is in the real sense of the word, sustainable.

From the ranks of their member companies the Immobilienforum Frankfurt presents eight buildings, among them landmark preservation worthy romantic old buildings or planned, not yet realized high-rises. There is also a very complex ensemble typical of the 1970s with a high-rise on a broad plinth on Sohnstraße in Düsseldorf, and a

Peter Cachola Schmal
Wohnen – Büro – Wohnen
Residential – Office – Residential

aber auch ein sehr komplexes zeittypisches Ensemble der 1970er Jahre in der Düsseldorfer Sohnstraße mit Hochhausschaft auf breitem Sockel und einen freistehenden Kasten in der Ulmenstraße in Frankfurt. Die beiden letztgenannten Bauten wurden von den meisten beteiligten Studenten ausgewählt, mit einer eindeutigen Präferenz für den Frankfurter Turm. Die „Konvertierung einer unspezifischen, eigenschaftslosen Bausubstanz" sollte „auch auf andere Objekte ortsspezifisch übertragbar" sein, wie es die ersten Preisträger Konstantin August und Karsten Klenk von der AdbK Stuttgart in ihrem Konzept beschrieben.

Es ist eine Ironie der Geschichte, dass im Frankfurter Fall aus dem in Rede stehenden Stadtviertel das Wohnen Jahrzehnte zuvor gerade durch die Bauweise ausgetrieben wurde, die nun wieder zum Wohnen umgewidmet werden soll. Bei dem „Immobilienobjekt", mehr kann man es kaum nennen, handelt es sich um ein zwölfgeschossiges Hochhaus aus den 1960/1970er Jahren, von Fenster- und Brüstungsbändern gegliedert, im Frankfurter Westend. Einst symptomatisches Beispiel einer gezielten Strategie der Ausweitung von Büroflächen für die Bankwirtschaft in unmittelbarer Umgebung des räumlich begrenzten Bankenviertels, sollte ihm erheblicher Altbaubestand im Gründerzeitviertel Westend geopfert werden, geplant und genehmigt von der Politik. Immobilienspekulanten kauften die bisherigen Wohnhäuser auf und entmieteten sie auf rabiate Weise, um sie abzureißen. Die realen Abrisse der alten Villen provozierten die bekannten Hausbesetzungen im Frankfurter Westend in den 1970er Jahren (Stichworte: Joschka Fischer und Daniel Cohn-Bendit). Heute stehen diese reinen Renditebauten meist leer, da sie sich nicht mehr auf der Höhe der Zeit befinden und für höherwertige Büronutzung oft nicht mehr umrüstbar sind (unter anderem wegen zu geringer Raumhöhen). Höchste Zeit also für die Immobilienbesitzer und Projektentwickler, umzudenken. Kreative Lösungen statt plumper Abrisse wurden von den Studenten eingefordert und auch ge-

freestanding box on Ulmenstraße in Frankfurt. Most of the students who participated selected those two buildings, with a clear preference for the Frankfurt tower. The "Conversion of an unspecific, characterless building mass" also ought to be "location specifically transferable to other buildings," as the first winners, Konstantin August and Karsten Klenk from the AdbK Stuttgart describe in their concept.

It is one of the ironies of history that in the case of Frankfurt, decades before, residential housing had fled the city district in question precisely because of this type of construction, and that this district is now being re-dedicated to living space. In the case of the "real estate property," which can hardly be called anything more than that, it is a twelve-story high-rise from the 1960s and 70s, articulated with bands of windows and balustrades in Frankfurte Westend. It was a typical example for the targeted strategy of expansion of office space for the financial sector in the immediate vicinity of the cramped banking distinct. A substantial portion of the old building inventory dating back to the end of the nineteenth century in Westend was sacrificed, with the planning approved by the politicians. Real estate speculators bought up the existing apartment buildings and drove out the tenants in the most brutal fashion, in order to tear down the buildings. The actual demolition of the old mansions provoked the well-known house occupations in the Frankfurt Westend in the 1970s (furnishing the political stage for Joschka Fischer and Daniel Cohn-Bendit). Today most of these purely speculative buildings are empty, because they are not up to current standards and are often no longer convertible for high quality office use (among other reasons because of a lack of floor height). The buildings are thereby overdue for a new approach for real estate owners and project developers.

Instead of heavy-handed demolition, the students were asked for creative solutions, which they also delivered, on many levels. The prize winners presented an astound-

Bürobauten im Wettbewerb
Office buildings in the competition

1. Ulmenstraße, Frankfurt am Main
2. Sohnstraße, Düsseldorf
3. Andreasstraße, Berlin
4. Binderstraße, Hamburg
5. Pappenheimer Straße, München

Sichtung der Wettbewerbsbeiträge   Viewing the competition entries

Peter Cachola Schmal
Wohnen – Büro – Wohnen
Residential – Office – Residential

liefert, auf vielerlei Ebenen. Allein die Gruppe der Preisträger breitete ein erstaunliches Spektrum aus. So führte die Diversifikation der Nutzer als eines der beliebtesten Entwurfsthemen beim Siegerprojekt (August/Klenk, AdbK Stuttgart) zu einem Größenmix von Haus-im-Haus-Lösungen über Maisonetten bis zu Singlewohneinheiten, und bei der drittplazierten Arbeit (Saggau/Oehme, AdbK Stuttgart) wurden neben Nutzergruppen auch verschiedenste Typologien ineinander gemischt und gemorpht. Da es heute weniger Kinder gibt, schlägt eine Arbeit der TU Darmstadt (Rocamora) eine Art virtuelle Familie vor, bei der wie in einer Wohngemeinschaft die „Interaktionsräume" miteinander ausgehandelt werden müssen. Gegensätzlicher geht eine weitere Arbeit der TU Darmstadt (Gießen) mit dem Thema um: der Verfasser separiert streng drei Bevölkerungsgruppen nach Bedürfnissen: „flexibles, schnelles und Gold-Wohnen".

Unter den eher architektonischen Lösungen sind zwei in die Endrunde gekommen. Die erste (Dehlinger/Mader, AdbK Stuttgart) befasst sich mit der Düsseldorfer Sohnstraße, fügt unter dem Titel „Hängende Gärten" eine metabolistische Entwurfsmethode ein und transformiert den Bau so zu einer wachsenden Einheit. Die zweite (Dal / Fleckenstein, FH Frankfurt) befasst sich mit baulichen Veredlungskonzepten für die Ulmenstraße, inklusive einer neuen Nord-Süd-Ausrichtung und einer Einführung von Loggien.

Zwei radikale Arbeiten gelangten ins Endfeld, beide nutzten den Rohbau der Ulmenstraße als Ausgangsmaterial einer weitgehenden Transformation. Die Arbeit der FH Mainz (Koppe/Groß) mit dem programmatischen Titel „pneumatics" schlägt eine ungewöhnliche temporäre Vermietung durch Ausfahren eines Kunststoffschlauchs vor, der Mieter nutzt stark symbolisch eine abwaschbare Oberfläche. Der zweitplatzierte Gewinner von der TU Darmstadt (Tiles/Lei Tao) wandelte den Rohbau in einen gestapelten Campingplatz für „junge, globale Arbeitnehmer" um, mit Stellplätzen für Wohnwagen und

ing spectrum of solutions. One of the favorite design ideas of the winning project (August/Klenk, AdbK Stuttgart) was the diversification of the users in a mix of scale ranging from house-in-the-house solutions to two-level apartments and single apartment units, while in the third place work (Saggau/Oehme, AdbK Stuttgart) in addition to the user groups, the most varied typologies were mixed together. Since there are fewer children today, one project from the TU Darmstadt (Rocamora) proposed a kind of virtual family, in which, as in a flat-sharing community the "interactive spaces" must be negotiated. Another project from the TU Darmstadt (Gießen) dealt with the subject in another way: the author strictly divided the population groups according to needs: "flexible (family-oriented, two-level units), fast (boarding house single cells) and gold (luxury) residencies."

Among the more architectonic solutions two made it to the final round. The first (Dehlinger/Mader AdbK Stuttgart) dealt with the Sohnstraße in Düsseldorf, and under the title of "cubicles" introduced a metabolistic design idea by which the building was transformed into a growing unity. The second entry (Dal / Fleckenstein, FH Frankfurt) addressed building upgrade concepts for Ulmenstraße, including a new north-south orientation and the inclusion of loggias.

Two radical projects made it to the final round, both of which used the Ulmenstraße shell construction as a starting point for a far-reaching transformation. The project from the FH Mainz (Koppe/Groß) with the programmatic title "pneumatics" proposed an unusual temporary leasing scheme whereby the lessor's apartment is lined with a plastic casing that can be rolled out to form a neutral space suitable for letting. The second place winner from the TU Darmstadt (Tiles/Lei Tao) transformed the shell construction into a stack of camping sites for "young, global workers" in order to provide direct temporary and mobile residency with parking places for camping vans and permanent containers.

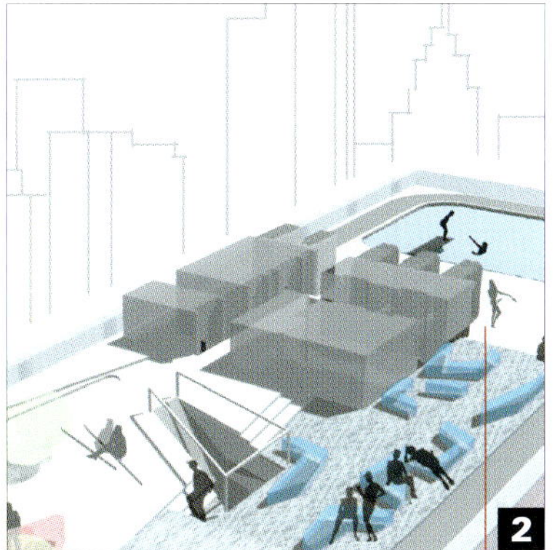

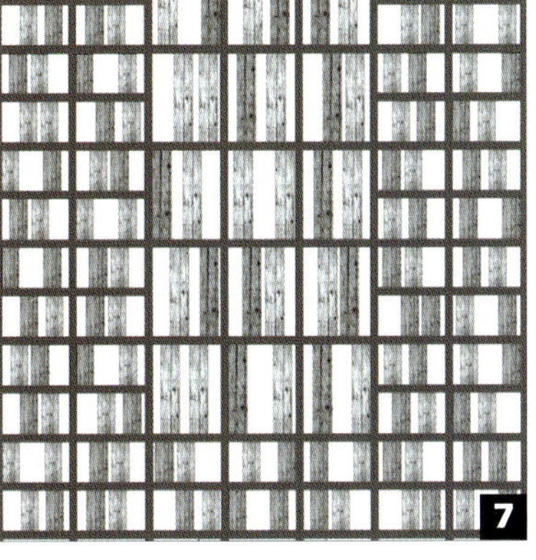

Preisträger Prize-winners

1. August/Klenk, AdbK Stuttgart
2. Tiles/Lei Tao, TU Darmstadt
3. Saggau/Oehme, AdbK Stuttgart
4. Rocamora, TU Darmstadt
5. Gießen, TU Darmstadt
6. Dehlinger/Mader, AdbK Stuttgart
7. Dal / Fleckenstein, FH Frankfurt
8. Koppe/Groß, FH Mainz

fest eingebauten Containern: direktes temporäres und mobiles Wohnen.

Die hier präsentierten Ergebnisse können sich durchaus sehen lassen. Daher begrüße ich diese Publikation und hoffe, dass Anregungen von diesen Entwürfen ausgehen – und sich auch in der Realität ähnliche Ideen umsetzen lassen. Dies ist gut vorstellbar, da die Preisträger ein bezahltes Praktikum in den beteiligten Immobilienabteilungen als Teil ihres Preises erhalten haben.

The results presented here are thoroughly plausible. Therefore I welcome this publication and hope that these designs stimulated discussion – so that similar ideas can be transformed into reality. This can be well imagined, because the winners have received paid internships from the real estate firms as part of their prizes.

Mass Studies Architects, Seoul

Missing Matrix Building

Internationaler Hochhaus Preis 2008

Mass Studies Architects, Seoul

Missing Matrix Building

International Highrise Award 2008

Die Architekten des Architekturbüros Mass Studies in Seoul erforschen im Rahmen ihrer Mass-Matrix-Studien neue Typologien für vertikale Gebäude in einer massenproduzierten und hoch verdichteten urbanen Landschaft. Seoul ist eine der am dichtesten besiedelten Städte der Welt; immense homogene Stadtviertel mit immergleichen Apartmenttürmen sind das Ergebnis einer jahrzehntelangen Ausrichtung auf vertikales Wachstum. Seit dem Ende der 1990er Jahre wurden hingegen Hochhäuser in den verschiedensten Stilabweichungen generiert, um, zumeist über Oberflächenästhetik, neue Wahrzeichen im anonymen Umfeld zu schaffen.

Mass Studies Architekten begannen, anhand der Grundeinheit einer „Domino-Matrix" nach Alternativen für räumliche und soziale Inhalte in diesem vom Markt bestimmten, dicht bebauten Kontext zu suchen. Entsprechend einem Brettspiel, bei dem Spielfiguren auf einem rechteckig gefassten Spielbrett angeordnet werden, ist der architektonische Spielraum der Domino-Matrizes der vertikale dreidimensionale Bereich, für den im Zuge der Untersuchung neue Regeln aufgestellt oder eine neue Spielart erfunden werden können. Charakteristische kritische Faktoren einer Wolkenkratzer-Landschaft wie Aussicht, Belüftung und Belichtung sind Teil der Mass-Studies, ebenso wie Bäume und Gärten als Elemente einer vertikalen Naturlandschaft. Die Formulierung neuer privater und öffentlicher Raumkomponenten soll die soziale Interaktion stimulieren.

Das Projekt „Missing Matrix Building" (Boutique Monaco) mit 27 Stockwerken und einer Geschossfläche von 5500 Quadratmetern umfasst Gewerbe-, Kultur- und Gemeinschaftsräume in den unteren Geschossen sowie „Officetels" – ein koreanischer Begriff für Raumeinheiten, die zum Wohnen und Arbeiten genutzt werden – in den Stockwerken 5 bis 27.

Architects from the Mass Studies architecture office in Seoul are exploring new typologies for vertical buildings in a mass-produced and high-density urban setting, as part of their Mass Matrix studies. Seoul has one of the world's highest building densities; immense districts with identical apartment towers that are the product of many decades of focus on vertical growth. Since the end of the 1990s, by contrast, high-rises have been created boasting a broad variety of designs and styles in order to create new landmarks in a homogeneous environment. Albeit often only by concentrating on surface appeal.

The architects at Mass Studies took a domino matrix as their basic element and began searching for alternative spatial and social content in this decidedly market-driven densely built setting. Like a board game in which the figures are arranged on the board for the start, vertical space functions as the architectural scope of the domino matrices, and in the course of the study new rules can be invented or new variants of the game introduced. Characteristically critical factors for a sky-rise city, such as the view, ventilation, and illumination all play a role in the Mass Studies, as do trees and gardens as elements of a vertical natural world. The formulation of new private and public spatial components is intended to stimulate social interaction.

This tower project has a floor area of 5,50 square meters, with commercial, cultural, and community spaces on the lower levels, and officetels on floors five through twenty-seven. To ensure the maximum building footprint ratio (40 percent) as well as optimal natural light conditions, a C-shaped plan is extruded into a twenty-seven-story tower consistent with the Domino Matrix to reach a height of 100 meters, the maximum height allowed by law.

Eingangshalle   Entrance hall

Um eine maximale Grundfläche (40 Prozent) und gleichzeitig optimale Tageslichtverhältnisse für das Gebäude zu erzielen, wurde aus der Grundeinheit der Domino-Matrix ein C-förmiger Grundriss entwickelt, der eine Höhe von 100 Metern erreicht, was der gesetzlich erlaubten maximalen Gebäudehöhe entspricht. Wenn der C-förmige Grundriss jedoch einfach nur vertikal wiederholt würde, überstiege die Geschossfläche des gesamten Turms den gesetzlich erlaubten Wert um ungefähr zehn Prozent. Um die Gebäudemasse systematisch zu reduzieren, werden Missing Matrixes eingefügt, also Fehleinheiten in das Volumen integriert, sodass auf diese Weise das maximale Geschossflächenverhältnis (97 Prozent) eingehalten werden kann. Mittels der 15 Fehl-Matrizes gewinnt das Gebäude zusätzliche Außenflächen und offene Eckräume für mehr natürlichen Lichteinfall und verbesserte Aussicht. Die mittels der Missing Matrixes entstandenen Räume sind mit Bäumen, die aus dem Gebäudeinneren und von außen zu sehen sind, landschaftsgärtnerisch gestaltet. 49 verschiedene Typen von Wohneinheiten (von insgesamt 172) sind selektiv angeordnet, um die reiche räumliche Vielfalt wiederzuspiegeln und zu nutzen. In den Bereichen, die durch das Entfernen von Matrizes entstanden, haben 40 Wohneinheiten beispielsweise interne Brücken, die die öffentlicheren Räume (Wohn- und Essbereich) von den privateren Schlafzimmern trennen; zusätzlich haben 22 Einheiten einen eigenen Garten.

When the C-shaped plan is simply repeated vertically, however, the floor space of the entire tower exceeds the legally allowed amount by approximately 10 percent. To reduce this mass systematically, missing matrices are introduced, meeting the maximum FAR (97 percent) throughout the building mass. Through fifteen removed spaces, the building gains more exterior surface and corners for more natural light and better views. The spaces created by the missing matrices are landscaped with trees that are visible from the inside and outside of the building. Inside the tower, there are forty-nine different types of units (172 units in total) arranged heterogeneously to reflect and exploit the rich spatial diversity. For example, in the area created by the removed matrices, forty of the residential units have bridges that divide public (living/dinning) and private (bedroom) areas within individual units, and twenty-two units have gardens.

Turm mit „Fehleinheiten"
Tower with "missing units"

Gestapelte Wohnungen
Stacked apartments

Tragstruktur der Sockelgeschosse
Load-bearing structure of the lower floors

Die Jury des Internationalen Hochhaus Preises 2008 begründete die Anerkennung wie folgt:

Dieses Projekt wird als experimentelles und hybrides Gebäude mit einem neuen Konzept für extrem dicht bebaute urbane Räume angesehen, wie sie insbesondere für Asien oder Südamerika typisch sind. Die Grundfläche eines ganzen Straßenblocks wurde überbaut. Dabei wurden Durchbrüche und Hohlräume in einer Art labyrinthischer Anordnung eingeführt, um die Bauvorgaben zu erfüllen. Die Kombination von Gewerbeflächen im unteren und Wohnungen im oberen Gebäudebereich bildet einen scharfen architektonischen Kontrast, wobei die beiden Bereiche nicht verschmolzen, sondern vielmehr ohne ein formales Zusammenspiel aufeinandergesetzt wurden. Die vorgeschlagene Anpassung und Differenzierung der Wohnungstypen wurde von der Jury besonders hervorgehoben. Die bauliche Struktur des unteren Teils des Gebäudes wurde infrage gestellt, da dort ein großes Ausmaß an Redundanz vorzuliegen scheint. Hier werden von einem jungen Team eine Herangehensweise und ein Konzept proklamiert, mit der Absicht zu irritieren und konventionelle Vorstellungen von Hochhäusern zu hinterfragen.

The jury of the International Highrise Award 2008 commended this building as follows:

The project is an experimental and hybrid building showing a new concept for extremely dense urban spaces, which are especially common in Asia or South America. The footprint of a whole block was built over and to conform to regulations, cut-outs and voids were introduced in a labyrinth type of order. The combination of commercial spaces on the lower part and residential spaces in the upper part was executed in a confrontational way, not by fusing the two programs but by stacking one on top of the other, without any formal collaboration in between. The suggested customization and differentiation of apartment types is highly noted. The structural treatment on the lower part of the building could be questioned, as there seems to be a high level of redundancy. A method, a concept is proclaimed by a young team, seemingly wanting to irritate and to challenge conventional views of high-rises.

WOHA, Singapur
Newton Suites
Internationaler Hochhaus Preis 2008

WOHA, Singapore
Newton Suites
International Highrise Award 2008

Dieses 36-stöckige Gebäude ist eine Studie für umweltfreundliche Lösungen für Hochhäuser in den Tropen und integriert unterschiedliche nachhaltige Elemente in eine zeitgenössische Konfiguration. Das Gebäude liegt am Rand einer Hochhausbebauung und unmittelbar vor einem höhenbegrenzten Bereich, der einen weiten Blick über die Naturschutzgebiete erlaubt, ein seltener Luxus im dicht besiedelten Singapur.

Die Außenhaut des Gebäudes nutzt Elemente zum Sonnenschutz: gemusterte Paneelstrukturen und vorspringende Balkone, um eine funktionale und gleichzeitig prägnante Fassade zu schaffen. Der horizontale Sonnenschutz aus einem dehnbaren Metallgewebe filtert das starke tropische Sonnenlicht. Er verhindert die Solareinstrahlung und erlaubt gleichzeitig eine visuelle Verbindung zur Erde. Das ausgezogene Gewebe sieht je nach Blickwinkel anders aus und erscheint in einer Bandbreite von geschlossen bis transparent. Dieser Aspekt, zusammen mit dem Schattenspiel und den sich überschneidenden Mustern von Schatten und Gewebestruktur gibt dem Gebäude im Verlauf der Tageszeiten ein fortwährend bewegtes, unscharfes und wechselhaftes Aussehen. Die Schattenmuster verändern auch das Aussehen der Vorsprünge der Erkerfenster – Elemente, die aufgrund der Bauvorschriften den Gewinn des Bauträgers erhöhen und bei Wohnungen in Singapur standardmäßig eingesetzt werden – und binden sie somit in die Sprache des Gebäudes ein.

Vorstehende Dachterrassen und Balkone in Kombination mit den Sonnenschutzblenden schaffen eine Lebensumgebung im Freien, die durch vielfache Querlüftungselemente aufgrund ihrer Höhe besonders für das heiße tropische Klima geeignet sind.

Das Gebäude liegt über dem Bodenniveau und über dem Lärmpegel der benachbarten Straße, und somit haben auch die untersten Wohnungen Ausblick auf die gemeinsam genutzte, begrünte Terrasse an der Rücksei-

This thirty-six-story development is a study in environmental solutions to tropical high-rise living integrating several sustainable devices into a contemporary architectural configuration. The building sits at the edge of a high-rise zone and fronts a height-controlled area that affords expansive views of the central nature reserves; a rare luxury in densely built Singapore.

The exterior of the tower uses sunshading elements, patterned planes of textured panels and protruding balconies to create a façade that is functional yet distinctive. The horizontal, metal expanded mesh sunshading screens the strong tropical sunlight. It prevents insolation while permitting visual connection to the ground. The angled expanded mesh changes appearance with viewpoint, appearing anywhere between solid and transparent. This, combined with the cast shadows and interference patterns between the shadows and the mesh, gives the building a constantly shifting, blurred appearance depending on the time of day. The layers of sunshading screens also changes the reading of the projections of the bay windows, a standard applied feature of Singapore apartments due to their contribution to developer profit and prescriptive regulations, embedding them in the language of the building.

Protruding sky gardens and balconies combined with sunshading screens create outdoor living environments that are sheltered with ample cross-ventilation due to its elevated location, and are particularly suited to the hot tropical climate.

The building is elevated above the ground level to mitigate noise pollution from the adjacent street and view blockage with the lowest habitable unit enjoying views of the communal landscaped deck at the rear and views out to the nature reserves in front. The elevated building also affords a high volume drop-off on the ground level with lush landscaping flowing from the external under the building footprint for a larger landscaped area.

WOHA

Newton Suites, Singapore
International Highrise Award 2008

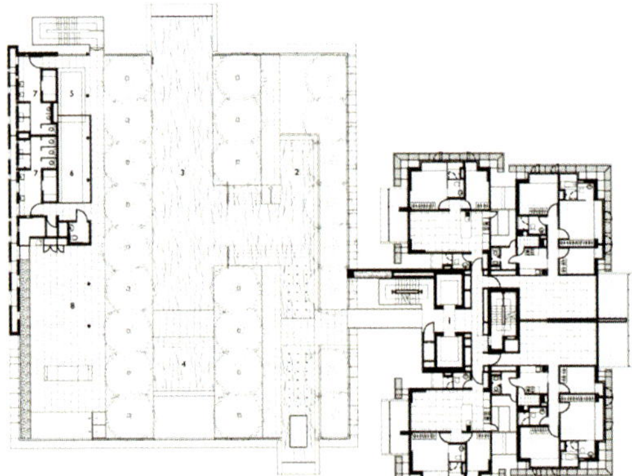

Grundriss Regelgeschoss und Terrasse
Ground plan of typical floor and terrace

Hochhaus und Umgebung
High-rise and surroundings

te und auf die Naturschutzgebiete zur Vorderseite. Die erhöhte Lage des Gebäudes führt dazu, dass viel Platz unterhalb der eigentlichen Gebäudefläche verbleibt, die üppig begrünt wird und sich mit dem landschaftlich gestalteten Gelände rings um das Gebäude verbindet.

Pro Stockwerk gibt es vier Wohnungen mit großen Balkons, die man als zusätzliche Zimmer im Freien mit Blick auf das Naturschutzgebiet und das Stadtzentrum nutzen kann. Die dienenden Bereiche sind blickgeschützt und öffnen sich an der Rückseite des Gebäudes nach außen. Trotz der „gestapelten" Anordnung der Wohneinheiten gibt es verschiedene Querlüftungsmöglichkeiten vom Balkon im vorderen Teil durch die dienenden Räume auf der Rückseite in Verbindung mit der Passivenergiefassade, die sicherstellt, dass die Einheiten für das tropische Leben geeignet sind, ohne zu sehr von mechanischer Kühlung abhängig zu sein.

Landschaftsgärtnerische Elemente werden als Material benutzt – begrünte Dächer, Dachterrassen und grüne Wände wurden von Anfang an in die Gestaltung mit einbezogen. Vorhänge aus Kletterpflanzen werden Teil der Wände und schaffen visuelle Auflockerung, absorbieren Sonnenlicht und Kohlenstoff und sorgen in einer dicht besiedelten Umgebung für Sauerstoff. Der Großteil aller horizontalen und vertikalen Flächen ist begrünt, der Anteil der begrünten Flächen beträgt 130 Prozent der gesamten Grundstücksfläche. Auf dem Dach des Parkhauses, aber auch auf den Freiflächen alle vier Stockwerke sind Bäume gepflanzt und bilden den krönenden Abschluss der Dachterrassen der Penthäuser.

Residential units are stacked four per floor with habitable balconies treated as outdoor livingrooms oriented towards views of the nature reserve and city center. Service areas are screened from view and open to the external at the rear of the units. Despite the stacked layout of the units, ample cross-ventilation from the balcony front through the services areas at the rear coupled with the passive environmental façade features ensure that the units are conducive for tropical living.

Landscape is used as a material – rooftop planting, skygardens, and green walls were incorporated into the design from the very beginning. Creeper screens are applied to walls to create visual delight, absorb sunlight and carbon, and create oxygen in the dense environment. Most horizontal and vertical surfaces are landscaped; creating an area of landscaping that is 130 percent of the total site. Trees cover the carpark, project from the skygardens at every four levels and crown the building at the penthouse roof decks.

The above ground carpark uses far less energy than an underground carpark and is fully enclosed with creep-

Hochhaus mit Balkonen
High-rise with balconies

Blick auf die Terrasse und den Pool   View of the terrace and pool

Der überirdische Parkplatz verbraucht wesentlich weniger Energie als eine Tiefgarage und ist völlig von Kletterpflanzen und Bodendeckern eingewachsen, die die Autoabgase absorbieren. Auf dem Dach des Parkhauses befindet sich ein großes Clubhaus mit einem Fitnessbereich, Dampfsauna, Partyräumen und einem 25 Quadratmeter großen Schwimmbad mit einer Überfließkante aus Glas.

Die Bewohner genießen ein Blickpanorama, eingefasst von den Dachterrassen und Pflanzen. Das tropische Lebensgefühl des Wohnens sowohl im Haus als auch im Freien wird umgesetzt und in die Höhe übertragen. Gemeinsame Dachgärten sind ein Blickfang an den Aufzugsvorräumen und erlauben beim Warten in der Hektik des Arbeitsalltags einen kurzen Kontakt mit der frischen Luft, den Bäumen und dem Himmel.

Die Umweltaspekte in Kombination mit dem hohen Wohnwert der Wohnungen und die großzügigen Gemeinschaftsbereiche werden in einem tropischen Gebäude verbunden, das der nationalen Vision Singapurs als einer grünen Stadt mit verbesserten Lebensbedingungen für die Bewohner gerecht wird.

ers, absorbing exhaust emissions. The carpark roof houses a substantial clubhouse with gym, steam room, party areas, and 25-meter swimming pool with a glass overflow edge.

The end user experiences panoramic views foregrounded by sky gardens and greenery, bringing the indoor-outdoor potential of living in the tropics into the sky. Common skygardens create delight at every lift lobby, turning the wait for the lift in the rush to work into a brief contact with fresh air, trees and sky. The two penthouses include swimming pools with double volume mesh pergolas.

The environmental elements added to liveable apartments and extensive communal areas combine to make a tropical building that achieves both Singapore's national vision for a green city and an improved living environment for the inhabitants.

Balkone und Fassadenverkleidung aus Metallgewebe
Balconies and façade casing made of metal webbing

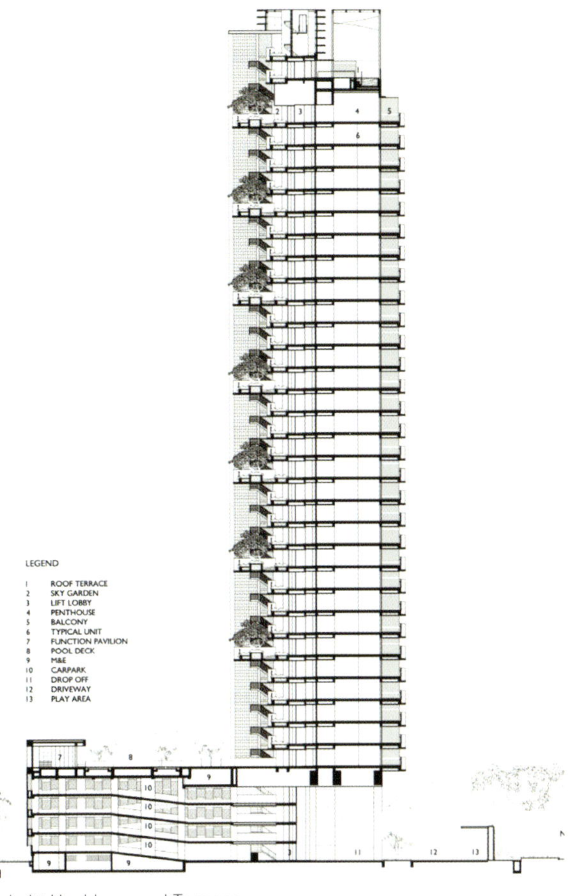

Schnitt Hochhaus und Terrasse
Section hig-rise and terrace

Die Jury des Internationalen Hochhaus Preises 2008 zeichnete das Gebäude mit einer Anerkennung aus:

Ein sehr klimabewusst konzipiertes Wohnhochhaus, für das verschiedene Möglichkeiten ausgeschöpft wurden, um unter tropischen Bedingungen eine passive Raumklimatisierung zu erreichen, wie zum Beispiel durch senkrechte begrünte Wände und herausragende große Balkons für halböffentliche Bereiche. Die von Landschaftsplanern gestalteten Flächen sind auf diese Weise wesentlich größer als die eigentliche Grundstücksfläche. Eine speziell entwickelte Form von Sonnenblenden erzeugt einen Eindruck von Unschärfe; der Ausblick von den Wohnungen aus bleibt erhalten, die direkte Sonneneinstrahlung wird jedoch verhindert. Dieses Projekt steht für eine Weiterentwicklung der vertikalen Wohnformen in dicht bebauten Metropolen mit einer hohen und stimulierenden Qualität des Lebensraumes. Daher kann es als richtungsweisendes Modell für andere tropische Städte betrachtet werden.

The jury of the International Highrise Award commended the building as follows:

A very climate-conscious residential high-rise that adopts a variety of issues to control the climate in a passive way for tropical living conditions, such as vertical green walls and protruding large balconies for semi-public areas. Thus, the amount of landscaping is a lot higher than the original size of the site. A specially developed type of sun shadings adds a blurry appearance by still maintaining views from the apartments and keeping out direct sun. This project represents a refinement of vertical living in dense metro cities that keeps the quality of the surrounding environment high and refreshing, and can thus be seen as a role model for other tropical cities.

Wohnen auf Wunsch
Projekte von Jo. Franzke Architekten

Living as One Might Wish
Projects by Jo. Franzke Architekten

Jo. Franzke
Jo. Franzke Architekten

Jo. Franzke
Wohnen auf Wunsch
Living as One Might Wish

Keine Bauaufgabe des Architekten ist so intim und verantwortungsvoll wie der Entwurf von Gebäuden zu Wohnzwecken. Wer Wohnraum plant, ist mit der Aufgabe konfrontiert, für die Nutzer Räume zu schaffen, die funktional und ästhetisch über wechselnde Anforderungen und Moden hinweg höchsten Ansprüchen genügen und dabei gesellschaftliche und individuelle Aspekte gleichermaßen berücksichtigen.

Seit 27 Jahren in Frankfurt am Main zuhause, bin ich ein Liebhaber dieser Stadt. Was sich nach einer Phase der Stadtflucht zu einem neuen Trend entwickelt hat, ist für mich schon lange selbstverständlich: Wohnen ist im städtischen Kontext attraktiver als auf der „grünen Wiese". Die europäische Stadt mit ihrer ethnisch, sozial, kulturell, sprachlich und konfessionell vielfältigen Einwohnerschaft ist ein Zentrum des freien Geisteslebens, ein Raum für individuelle Entfaltung, in dem der Einzelne in soziale Strukturen integriert werden kann und wo seine intellektuellen und sozialen Interessen die besten Entfaltungsmöglichkeiten finden.

In der Zeit des Wandels von der Industrie- zur Dienstleistungsgesellschaft und vor dem Hintergrund des demografischen Wandels und des Schrumpfens der Städte ist für die Entwicklung einer Stadt der Anteil der Kreativen entscheidend. Richard Floridas Formel der neuen Urbanität „Technologie, Talent und Toleranz" ist maßgeblich für Attraktivität, Produktivität und Wohlstand, und das oft für viele Jahrzehnte. Entsprechend hat sich die Konkurrenz der Städte um das intellektuelle und ökonomische Potenzial dieser Gruppe verstärkt. Denn für all diejenigen, die in der Stadt leben, hat Wohnen einen besonders hohen Stellenwert. Zum lebendigen Treiben auf den Straßen muss im privaten, häuslichen Bereich ein Gegengewicht geschaffen werden. Nur gezielte Angebote an die Kreativen, auch und gerade im Wohnsektor, können eine Stadt lebendig und vielfältig erhalten. Die Stadt Hamburg hat diesen Trend erkannt und entwickelt seit einigen Jahren entsprechende Programme.

There is no building task that is more intimate and responsible than the design and planning of residential buildings. Those who plan residential space are confronted with the task of creating space for the user that functionally and aesthetically satisfies the highest demands regarding requirements and fashion, thereby taking into account both social and individual aspects.

I have called Frankfurt my home for twenty-seven years, and love this city. The trend that began as a flight to the city, I take for granted: Living in an urban context is more attractive than in the "country." The European city with its ethnic, social, cultural, linguistic and confessional mix of inhabitants has been a center since the middle ages for a free intellectual life, a space where individuals can develop and be integrated in social structures and where his intellectual and social interests have the best opportunity to develop. The urban circumstance is characterized by openness, tolerance, distance, and a civilized, adept way of dealing with people. It is what makes living in the city especially esteemed.

In the era of transition from an industrial to a service economy and bearing in mind the demographic change and the shrinking of the cities, the creative component is decisive for the development of a city. The formula of the new urbanity advanced by Richard Florida of "technology talent and tolerance" is important for attractiveness, productivity, and prosperity, often for many decades. The competition in the cities for the intellectual and economic potential of this group has increased accordingly. Because for all of those who live in the city, living conditions have an especially high significance. There must be a counterpole in the private, domestic area to the hustle and bustle on the street. Omly offers targeted to creative persons, especially in the area of living, can keep a city alive and varied. Hamburg recognized this trend and has been developing the appropriate programs for several years.

Passivhaus in der Hansaallee
Frankfurt am Main, Fertigstellung 2009
Passive (low-energy) house on Hansaallee,
Frankfurt am Main, Completion 2009

Haus Wiesenau, Frankfurt am Main, Fertigstellung 2008   Haus Wiesenau, Frankfurt am Main, Completion 2008

Jo. Franzke
Wohnen auf Wunsch
Living as One Might Wish

Als größte Stadt Hessens ist Frankfurt am Main neben London und Paris eines der europäischen Zentren des Banken- und Messewesens und verfügt über ein vielseitiges Kulturangebot. Nach wie vor fehlt es hier an Wohnraum. Im Jahr 2004 standen nach Angaben des Stadtplanungsamtes 348.714 Wohnungen 366.500 Haushalten gegenüber. Angesichts der zu erwartenden Haushaltsentwicklung und der Bedeutung der Stadt als Wirtschaftszentrum besteht durch den wachsenden Pro-Kopf-Flächenbedarf derzeit und zukünftig selbst bei stabiler Einwohnerzahl ein Mangel in fast allen Marktsegmenten: an günstigen und hochpreisigen Mietwohnungen, an Wohnungen zur Kapitalbildung in Form von Eigentumswohnungen, an Reihen- und Einfamilienhäusern. Nachfrage besteht nach familiengerechtem Wohnraum und Wohnraum für die wachsende Zahl der Singlehaushalte, nach gepflegten Wohnquartieren mit aufgelockerter Bauweise sowie besonders nach luxuriösen Wohnungen.

Unser Büro hat sich vor allem der Schaffung von ästhetischem und funktionalem Wohnraum im hochpreisigen Segment verschrieben. Im Sinne der vorangegangenen Ausführungen wird die Überzeugung vertreten, dass gerade in diesem Bereich ein gutes Angebot vorhanden sein muss, um die städtische Kultur zu erhalten. Zudem sind wir überzeugt, dass auch die Planung von Wohnraum für das junge, schöpferische und solvente Publikum im Grunde konventionellen Mustern folgt, die sich mit unserer Architekturauffassung gut decken. Der Wunsch nach flexiblen Grundrissen, nach nutzungsneutralen und damit multifunktionalen Räumen mit großzügiger Deckenhöhe, nach guter Belichtung, nach einer begrenzten Anzahl von Parteien pro Geschoss, nach individuell gestaltbaren Grün- und Freiflächen wie Terrassen oder Balkonen, aber auch nach einer dauerhaften, werthaltigen und ästhetisch anspruchsvollen Architektur dürfte den meisten Wohnungssuchenden gemeinsam sein.

As the largest city in Hessen, Frankfurt am Main is one of the European centers of the banking and fair activi-ty next to London and Paris and features wide ranging cultural offers. But as in the past, there is a lack of living space. In 2004, according to the data from the Office of City Planning, there were 348,714 apartments for 366,500 households. In light of the expected house-hold development and the meaning of the city as an economic center, due to the growing per capita need for space there is a current and future deficit in almost all market segments, even with a stable number of inhabitants. These include reasonably priced and luxury rental apartments, apartments for capital accumulation in the form of condominiums, row houses and one family homes. There is a demand for family living space and living space for the growing number of single households, apartments in well kept areas with relaxed construction type, and especially for luxury apartments.

In Frankfurt our firm has specialized primarily in the procurement of aesthetic and functional living space in the high-priced segment. In the sense of the above description we are of the opinion that especially in this area there must be a good offer available, so that the urban culture is maintained. In addition we are convinced that the planning for residential space for the young, creative,and solvent clientele basically follows conventional patterns, which correspond to a great extent with our architectural approach. Most of those looking for apartments desire flexible floor plans, use-neutral and thereby multifunctional spaces with generous ceiling heights, good lighting, a limited number of parties per floor, individually designable green and open spaces like terraces or balconies, and also solid, upmarket, and aesthetically refined architecture.

Up until 2000 residential building was more of a side aspect and had been limited mainly to the conversion

Jo. Franzke
Wohnen auf Wunsch
Living as One Might Wish

Bis zum Jahr 2000 war Wohnen für uns eher ein Nebenaspekt gewesen und hatte sich im Wesentlichen auf den Um- und Ausbau einzelner Wohnungen beschränkt. Durch den Bau des Büro- und Wohnhauses in der Holzhausenstraße im Jahr 2000 rückte das Thema stärker ins Zentrum der Aufmerksamkeit. Ein großzügig bemessenes Budget ermöglichte einen großen gestalterischen Freiraum und das Resultat, ein äußerst reduziertes, streng gegliedertes Haus mit Natursteinfassade, stieß auf große Resonanz.

Dass die Planung von Wohngebäuden im städtischen Kontext meist eine Verdichtung des Bestandes bedeutet, muss sich auf die Architektur und die Wohnnutzung nicht zwangsläufig nachteilig auswirken. Aufgabe des Architekten ist es, Lösungen zu finden, die aus städtischer Dichte nicht städtische Enge werden lassen. Die drei fünfgeschossigen, rundum verglasten und mit Aluminium-Schiebeläden ausgestatteten Stadthäuser in der Beethovenstraße (2001), die drei natursteinverkleideten Stadtvillen in der Ober- und Unterlindau (2003), die beiden Villen in der Siesmayerstraße (2008), das Stadthaus in der Friedrichstraße (2008) und das Haus in der Metzlerstraße (2009) sind allesamt Beispiele für hochwertigsten bis luxuriösen Wohnungsbau, der dem in Frankfurt herrschenden Mangel an Wohnen für gehobene Ansprüche entgegenwirken will. Die Häuser ordnen sich allesamt der planerischen Leitlinie der Nachverdichtung des städtischen Raums unter oder schließen den Blockrand.

Sämtliche Entwürfe sind bestrebt, trotz sinnvoller Nachverdichtung dennoch den Eindruck von Großzügigkeit zu behaupten. Einige der Gebäude interpretieren behutsam tradierte städtische Bautypologien neu, wenn sie wie die Villen in der Siesmayerstraße oder das Stadthaus in der Metzlerstraße den ehemals in Frankfurt am Main weit verbreiteten Typus des klassizistischen Wohnhauses zitieren. Auch mit der Umnutzung des denkmalgeschützten ehemaligen Wiesenhüttenstifts zum Hofgarten (2009)

and expansion of individual apartments. The construction of the office and apartment building on Holzhausenstraße in 2000 shifted the subject more in the center of attention. A relatively generously allocated budget made possible great leeway for design and the result is an extremely reduced, rigorously articulated building with a natural stone façade that met with great approval.

The fact that in most cases the planning for the residential buildings in the urban context means increased density of the housing stock, does not necessarily mean an adverse effect on the architecture and the residential use. The task of the architect is to find solutions, which do not allow an urban constriction to result from an urban density. The three five-story, glassed in townhouses equipped with sliding aluminium shutters on Beethovenstraße (2001), the three natural stone clad city mansions on Oberlindau and Unterlindau (2003), the two mansions on Siesmayerstraße (2008), the townhouse on Friedrichstraße (2008), and the building on Metzlerstraße (2009) are all examples of upscale to luxury apartment building, which begin to address the current net deficit of residencies to meet the upmarket demand in Frankfurt. All of the buildings accommodate the planning guidelines for the condensing of the urban space or close the perimeter.

All the designs attempt to condense in a sensible way but still assert the impression of expansiveness. Some of the buildings interpret traditional urban building types anew, as when the mansions on Siesmayerstraße or the townhouse on Metzlerstraße refer to the formerly well known Frankfurt am Main classicistic apartment building. Also in the case of the conversion of the landmark protected former Wiesenhüttenstift zum Hofgarten (2009), the architectonic tradition of the city is acknowledged, in that the renovation only minimally intervenes in the turn of the ninteenth century façade.

Büro- und Wohngebäude in der Holzhausenstraße
Fertigstellung 2000
Office and apartment building on Holzhausenstraße
Completion 2000

Stadthaus Metzlerstraße, Frankfurt am Main, Fertigstellung 2009   Urban villa on Metzlerstraße, Frankfurt am Main, Completion 2009

wird der architektonischen Tradition der Stadt Rechnung getragen, indem die Sanierung nur minimal in die um die Wende vom 19. zum 20. Jahrhundert entstandene Fassade eingreift. Mit den Geschosswohnungshäusern entlang der Europaallee (2009 bis 2010) oder mit den städtisch geförderten Wohnungen im Wohnturm des Ensembles Frankensteiner Hof (2008) entstehen Gebäude, die ebenfalls auf den Mangel an städtischem Wohnraum reagieren und dabei nicht nur die zahlungskräftige Klientel berücksichtigen.

Ein weiteres Thema gewinnt im innerstädtischen Wohnungsbau immer mehr an Bedeutung: Aufgrund der Ressourcenverknappung im Zeitalter des Klimawandels ist das Interesse an Wohnhäusern in Passivbauweise stark gewachsen und erfordert architektonische Lösungen, die neben den ästhetischen auch den ökologischen Erwartungen an ein Gebäude Rechnung tragen. Dass sich dies mit den über die Jahre gewachsenen Leitlinien unserer auf ästhetische Ausgewogenheit bedachte, sich auf ihre Geschichte besinnende, zurückhaltende Architektur gut verträgt, zeigt sich am Beispiel des Hauses in der Hansaallee. Dort realisiert unser Büro zum ersten Mal in seiner Geschichte ein Gebäude in Passivbauweise, das ästhetisch, funktional und ökologisch auf die spezifischen Wünsche seiner zukünftigen Nutzer reagiert. Die kompakte Kubatur des Hauses kommt nicht nur aus städtebaulicher Sicht dem Wunsch nach hoher Dichte nach, sondern berücksichtigt auch den hohen Energiestandard des Hauses, der nach einer Optimierung des Verhältnisses von Hülle zu Inhalt verlangt.

The single floor apartments buildings along Europaallee (2009 to 2010) or the municipally sponsored apartments in the residential tower of the Frankensteiner Hof ensemble (2008) represent buildings that also answer to the lack of urban living space and thereby not only cater to the more affluent clientele.

Another subject that is gaining steadily in significance in inner-city apartment construction is passive houses. Because of the scarcity of resources in the age of climate change the interest in this construction has grown substantially, requiring architectonic solutions, which next to the aesthetics, also reflect the ecological expectations in a building. The house on Hansaallee demonstrates that the guidelines assembled over the years of our aesthetically balanced, historically referenced, restrained architecture are indeed compatible with this orientation. Our firm realized for the first time a passive house building at that address which responded to the specific aesthetic, functional and ecological wishes of the future user. Not only did the compact cubature of the house correspond to the wish for higher urban density from the urban developmental viewpoint, it also took into account the high energy standard of the house, which required an optimization of the relationship of the envelope to the content.

Villen in der Siesmeyerstraße, Frankfurt am Main, Fertigstellung 2008 Villas on Siesmeyerstraße, Frankfurt am Main, Completion 2008

Wohnkonzepte
Projekte von KSP Engel und Zimmermann Architekten

Living Concepts
Projects by KSP Engel und Zimmermann Architekten

Jürgen Engel
KSP Engel und Zimmermann Architekten

Wohnen in der Stadt wird zunehmend attraktiver und muss zukünftig eine Vielzahl an Möglichkeiten für innovative und individuelle Konzepte bieten: vom Rückbau bestehender Wohnquartiere am Stadtrand bis zur Umnutzung alter innerstädtischer Gewerbebauten, von exklusivem Wohnraum in außergewöhnlicher Lage bis zu individuellem Wohnen im Alter, vom einzelnen Wohngebäude bis zur städtebaulichen Entwicklung neuer innerstädtischer Wohn- und Arbeitsquartiere.

Stadtbaustein mit Lebensqualität
Theresie, München

Innerstädtische Brachen bieten im Fall neuer Planungen vor allem die Möglichkeit, die in vielen Stadtquartieren bestehende Trennung zwischen Wohnort und Arbeitsplatz wieder aufzuheben und die Lebensfunktionen wie Wohnen, Arbeiten und Freizeit zu mischen, wie wir es aus den gewachsenen Stadtvierteln vergangener Zeiten kennen. Im Herzen Münchens, direkt an der Theresienwiese, ist auf dem Areal der „Alten Messe München" ein solches Stadtquartier entstanden. Das Ensemble der „Theresie" schafft als städtebaulichen Auftakt eine Verbindung zwischen Theresienwiese und dem Münchner Westen mit einem urbanen Mix aus Wohnungen, Büro und Einzelhandel. Denn bei der Wohnungswahl sind neben zentraler Lage und qualitätvoller Ausstattung auch mehr und mehr die infrastrukturelle Anbindung sowie die Nähe zu Einrichtungen des täglichen Bedarfs ausschlaggebend. Die „Theresie" ist mittlerweile als neuer Stadtbaustein Münchens von Anwohnern, Nutzern und Besuchern gleichermaßen akzeptiert und zu einem belebten Quartier geworden.

Qualitätvolles Wohnen in außergewöhnlicher Lage
Elbloft, Hamburg-Neumühlen Westkai

Eine der schönsten Wasserlagen Hamburgs befindet sich flussabwärts von den Landungsbrücken, kurz vor Oevelgönne mit seiner idyllischen Bebauung und in

As living in the city becomes increasingly attractive it must offer a multitude of opportunities for innovative and individual concepts: From the renaturation of existing living space at the town periphery to conversion of old inner-city commercial buildings, from exclusive living space in unusual locations to individualized retirement living, from single apartment buildings to urban development of new residential and working districts.

City building block with quality of life
Theresie, Munich

In the case of new planning, unused inner-city land offers the opportunity to do away with the existing division between residential and workplace prevailing in many city districts and to create a mixture of living activities like residence, work, and leisure time, as we know it from the growth of city districts in the past. In the heart of Munich, right on the Theresienwiese, on the grounds of the "Alten Messe München" (Old Munich Fairgrounds) just such a district has emerged. The "Theresie" as an urban developmental prelude creates a connection between the Theresienwiese and Munich West with an sophisticted mixture of apartments, office and retail. In the selection of apartments, next to a central location and quality furnishings, the infrastructural access and the proximity to facilities of daily life is becoming more and more decisive. The "Theresie" is now accepted as a new city building block by local residents, users, and visitors alike and in the process has become a lively district.

Quality living in an unusual location
Elbloft, Hamburg-Neumühlen Westkai

One of the most beautiful areas of Hamburg is upriver from the jetties, just before Oevelgönne with its idyllic construction in the immediate vicinity of the container port and its giant cranes. The former rundown harbor area has been transformed into an attractive and quiet

Neues Stadtquartier „Theresie"
am alten Münchner Messegelände
New urban quarter "Theresie" at
Munich's former fairgrounds

nächster Nähe zum Containerhafen mit den riesigen Kränen im Blick. Die frühere Hafenbrache hat sich zu einem attraktiven und ruhigen Standort gewandelt, der gleichzeitig nahe genug an der Innenstadt liegt, um „mittendrin" zu sein. Die „Perlenkette" entlang der Elbe ist ein besonderes Beispiel in außergewöhnlicher Lage. Ursprünglich waren hier ausschließlich Bauten mit hochwertigen Büroflächen vorgesehen, doch der Bedarf an exklusivem und hochwertigem Wohnraum in einzigartiger Lage ließ ein interessantes Wohnprojekt in der Hansestadt entstehen. Der insgesamt fünfgeschossige Neubau am Ende der Reihe kragt wie seine Nachbarn zur Wasserseite über den Polder aus. Im Erdgeschoss stehen 340 Quadratmeter als Bürofläche zur Verfügung. Auf Schotten und Stützen ruhend, entstanden – verteilt auf vier Geschosse – 24 luxuriöse Wohnungen zwischen 110 und 170 Quadratmetern mit großzügigen Südbalkonen und Panoramafenstern. Die bodentiefe Verglasung der Loggien im Wechsel mit den eingeschnittenen Balkonen garantiert den Bewohnern eine spektakuläre Sicht auf die Elbe und den Containerhafen – ein in Deutschland einzigartiger Ausblick.

Wohnkonzepte für den dritten Lebensabschnitt
DKV Residenz in der Contrescarpe, Bremen

Eine der wohl wichtigsten Erkenntnisse der Gegenwart ist, dass immer mehr Menschen auch im Alter zentral, anspruchsvoll und komfortabel wohnen wollen. Damit werden vor allem Innenstadtlagen für ältere Menschen immer attraktiver. Die Wohnbebauung für den dritten Lebensabschnitt in Bremen liegt zentrumsnah an den historischen Wallanlagen, nur wenige Gehminuten zum Hauptbahnhof, zu den Einkaufsstraßen und von der Altstadt entfernt. Insgesamt 138 großzügige und geräumig ausgestattete Zwei- bis Dreizimmerwohnungen zwischen 54 und 91 Quadratmetern Wohnfläche sind in zeitgemäßem Wohnkomfort für gehobene Ansprüche ausgestattet. Ganz wesentlich sind dabei Service- und Gemeinschaftseinrichtungen: Ein Wellness- und Fitness-

location, which at the same time is close enough to the downtown, in order to be in the midst of things. The "string of pearls" along the Elbe River is a special example in an unusual location. Originally there were only buildings with upscale office space, but the demand for exclusive high quality residential space in a unique location led to an interesting living project in the Hanseatic City of Hamburg. The five-story new building at the end of row juts out over the polder like its neighbour on the water side. There are 340 square meters of office space available on the ground floor. Twenty-four luxurious apartments from 110 to 170 square meters with large southern balconies and panorama windows distributed over four stories are resting on water tight compartments and supports. The floor to ceiling glazed loggias in alternation with the indented balconies guarantees the residents a spectacular and unique view of the Elbe and the container port.

Living concept for the third stage of life
DKV Residence in the Contrescarpe, Bremen

One of the most important insights of the present is that more and more older people also want to live centrally, in tasteful and comfortable surroundings. In that regard downtown locations are becoming more attractive for them. The residential construction for the third stage of life in Bremen is located in the immediate vicinity of the historic Wallanlage, just a few minutes by foot from the main railroad station, the shopping streets and the old city district. A total of 138 ample and generously equipped two and three room apartments from 54 to 91 square meters are furnished in modern living comfort for discriminating demands. Service and community facilities are very important in that regard: A wellness and fitness area with a swimming pool and sauna are available was well as a smart restaurant. This facility offers levels of care ranging from completely independent, assisted living, to full care for a comfortable old age tailored to individual needs.

„Elbloft" am Hamburger Hafen
"Elbloft" near the port of Hamburg

DKV-Residenz in Bremen   DKV-Retirement home in Bremen

Hochpfortenhaus in Köln   Hochpfortenhaus in Cologne

bereich mit Schwimmbad und Sauna stehen ebenso zur Verfügung wie ein gepflegtes Restaurant. Diese Anlage bietet vom eigenständigen oder betreuten Wohnen bis hin zur ganzheitlichen Betreuung alles für ein komfortables, auf die individuellen Bedürfnisse abgestimmtes Leben im Alter.

Konversion innerstädtischer Gewerbebauten
Neue Nutzung „Wohnen": Hochpfortenhaus, Köln

Das Hochpfortenhaus ist ein wiederentdecktes Juwel der 1930er Jahre, zentral gelegen in der Kölner City. Der ehemalige Verwaltungsbau – zuletzt von Polizei und Versorgungsamt genutzt – ist ein hervorragendes Beispiel für die Konversion innerstädtischer Bürogebäude in Wohnbauten. Die Fassaden wurden in enger Abstimmung mit dem Denkmalschutz restauriert und im erhaltenen Originalzustand belassen, im Inneren wurde das Gebäude kernsaniert. Entlang der Hohen Pforte entstanden Ladenlokale und ein Eck-Café. Auf die fünf Obergeschosse verteilen sich insgesamt 46 hochwertige und individuelle Wohnungen. Die Wohnungsgrößen variieren zwischen 35 und 185 Quadratmetern, sind als Maisonetten ausgebildet und verfügen über großzügige Balkone nach Süden. Die Wohnungen im fünften Obergeschoss sind zum Teil mit einem Dachgartengeschoss verbunden. Hier befinden sich pavillonartige Aufbauten für Wohnzimmer mit Dachaustritten und die dazugehörigen Dachterrassenflächen. Von hier aus kann man über den Dächern von Köln den Dom, das Brückenpanorama, die Kölnarena und weitere markante Punkte im Kölner Stadtbild sehen.

Wohnen am Stadtrand
Die Zukunft reiner Wohngebiete

Was geschieht mit den Wohngebieten am Rande der Städte? Der Wolfsburger Stadtteil Detmerode ist ein typisches Beispiel. Die Siedlung wurde in den siebziger Jahren als Stadterweiterung mit eigenem Zentrum,

Conversion of inner city commercial buildings
new use "Living": Hochpfortenhaus, Cologne

The Hochpfortenhaus is a rediscovered jewel from the 1930's, centrally located in downtown Cologne. The former administrative building – last used by the police and the relief office – is an exceptional example for the conversion of inner city office buildings into residential buildings. The facades were restored in close cooperation with the landmark protection agency and left in the original condition. The interior of the building was gutted. Along the Hohe Pforte shops and a corner café have emerged. Forty-six upscale and individual apartments are located in the five upper stories. They range in size from 35 to 185 square meters and are set up as two level apartments with large balconies facing south. The apartments on the fifth floor are in part connected with a roof terrace. There are pavilion like superstructures for the living room with roof accesses to the roof terrace areas. From this vantage point one can look out over the roofs of Cologne at the Cathedral, the bridge panorama, the Cologne Arena, and other landmarks in the Cologne cityscape.

Living on the periphery
The future of pure residential areas

What happens with the residential areas at the edge of town? The Wolfsburg district of Detmerode is a typical example. The settlement was built in the seventies as an urban expansion with its own center, but without an infrastructural connection to the rest of the city. This settlement is very anonymous today and is perceived as an oversized conglomerate of living space, in which the individual attainment of a personal living situation seems hardly possible. In addition to other urban development factors of a more sociological and demographic nature, these and other deficits contributed to increasing dissatisfaction of the users with the apartments and a correspondingly high turnover.

Wohnsiedlung „Die Neue Burg"
in Wolfsburg - Detmerode
Housing estate "Die Neue Burg"
in Wolfsburg - Detmerode

Wohnsiedlung „Die Neue Burg"
Aufwertung des Bestandes
Housing estate "Die Neue Burg"
improvements to existing buildings

jedoch ohne infrastrukturelle Vernetzung mit der Gesamt-stadt geplant. Diese Wohnanlage ist heute sehr anonym und wird als übergroße Agglomeration von Wohnraum wahrgenommen, in der die individuelle Aneignung einer persönlichen Wohnsituation kaum möglich erscheint. Neben anderen Faktoren der Stadtentwicklung, die eher soziologischer und demografischer Natur sind, tragen diese und andere Defizite zu einer problematischen Entwicklung mit abnehmender Wohnzufriedenheit der Nutzer und dementsprechend hoher Fluktuation bei.

In Zukunft können Stadtteile dieser Art nur durch einen grundlegenden Imagewandel „überleben". Wesentliche konzeptionelle Ansätze sind dabei die Förderung der positiven Standortfaktoren, wie hier die naturnahe Lage am Waldrand, die Anbindung an den öffentlichen Personennahverkehr, eine Reduzierung der Baumasse, vor allem in der Höhe, sowie identifikationsbildende Maßnahmen, um der Monotonie entgegenzuwirken. Des Weiteren muss eine konkrete Verbesserung der Wohnqualität erreicht werden, die zu einer dauerhaften Akzeptanz der Anlage und zu einer stabileren Sozialstruktur führt. Das bedeutet eine stärkere Orientierung an der demografischen Entwicklung beispielsweise durch altengerechtes Wohnen, stärkere Durchmischung von Eigentumsformen, Verbesserung der Erreichbarkeit und Anpassung der Wohnungsgrößen und Zuschnitte an veränderte Bedürfnisse und Ansprüche von Mietern und Käufern. Mit dem geplanten Rückbau reduziert sich die Anzahl der Wohnungen um ca. 60 Prozent von 534 auf 332 Wohneinheiten, was auch der Abwanderung in die neu aufgewerteten Innenstädte entgegen kommt. Durch einen veränderten Wohnungs-Mix durch kleinere single- oder altengerechte Wohnungen sowie Maisonetten und Penthäuser mit größerer Wohnfläche im Dachgeschoss ergibt sich insgesamt eine größere Bandbreite an Wohnungsgrößen und auch ein breiteres Spektrum für die Nutzer. Diese Maßnahmen können die Sozialstruktur im Quartier stabilisieren und einer zu starken Fluktuation entgegenwirken.

In the future, city districts like this one can only survive with a fundamental change in image. Significant conceptual approaches include the support of positive location factors, in this case the proximity to nature at the edge of the forest, the access to public transportation, a reduction of the construction mass, especially in the vertical, and steps to enhance identity in order to counteract the monotony. In addition, a concrete improvement in living quality must be achieved, which will lead to a long-term acceptance of the area and a stable social structure. That means a stronger orientation to the demographic development, for instance with age-appropriate living, stronger admixture of ownership forms, improvement of the access, adaptability of the apartment sizes and tailoring needs and demands of tenants and buyers. The planned renaturation will reduce the number of apartments by about 60 percent from 534 to 332 units, which accommodates the migration into the newly upgraded inner cities. A changed apartment mix consisting of smaller singles or age-appropriate apartments as well as two-level apartments and penthouses, with increased living space in the top floor, produces an overall larger selection of apartment sizes and also a broader spectrum for the users. These measures can stabilize the social structure in the district and counteract the exaggerated turnover.

Der Internationale Ideenwettbewerb

The International Competition for Ideas

**Der Internationale Ideenwettbewerb
Ein Erfolgsmodell**

Das Immobilienforum Frankfurt versteht sich als ein überregionales Netzwerk im weit gefächerten Feld der Immobilienwirtschaft. Investoren und Architekten, Projektentwickler und Immobilieneigentümer, Manager und Financiers diskutieren hier ihre Vorstellungen zukünftiger Szenarien in ihren Branchen und entwickeln Perspektiven für die Städte von morgen. Ihre Mitglieder begleiten und fördern die Innovationsprozesse der großen Zentren, die durch die zunehmende Mobilität ihrer Einwohner, wachsende Bevölkerungszahlen und immer differenziertere Angebote und Nachfragen neue Horizonte eröffnen.

Als wichtige Aufgabe versteht es das Immobilienforum Frankfurt, regelmäßig den Kontakt zu Hochschulen und Universitäten zu suchen und junge Planerinnen und Planer in ihre Diskussionen einzubinden – denn gerade sie, die nachrückende Planergeneration, kann kompetent und unmittelbar auf neue Ansprüche, Wünsche und Lösungswege hinweisen, die uns auch zukünftig helfen können, unsere Städte auf ihrem Weg zu qualitätvollen Lebens-, Kultur- und Wirtschaftsräumen zu unterstützen.

Nach dem großen Erfolg eines ersten Studentenworkshops im Jahr 2004, in dem für Frankfurt Zukunftsvisionen erarbeitet wurden, die sich kritisch mit den durch die Stadt verfolgten Entwicklungszielen auseinandersetzten, lud das Immobilienforum für 2007 Hochschulen aus dem In- und Ausland zu einem internationalen Wettbewerb nach Frankfurt ein.

Im April 2007 empfing das Immobilienforum die Teilnehmer in den hoch über der Stadt gelegenen Konferenzbereichen der Deka Invest zu einem Kolloquium, auf dem über die anspruchsvolle Aufgabe, die den Hochschulen vorlag, diskutiert wurde. Ihnen wurden eine Reihe typi-

**The International Competition for Ideas
A Model for Success**

The Immobilienforum Frankfurt understands itself as a supra-regional network in the broadly diversified field of real estate economy. Investors and architects, project developers and real estate owners, as well as managers and financiers meet in the forum to discuss their ideas for future scenarios in their areas of interest and develop perspectives for the cities of tomorrow. Their members accompany and assist the innovation processes in the great population centers, which in the face of the increasing mobility, the growing numbers of inhabitants, and ever more differentiated offers and needs are opening up new horizons.

An important task of the Immobilienforum Frankfurt is to maintain regular contact with the technical colleges and universities and to include young planners in their discussions – because it is precisely the coming generation of planners which is in a position to address new demands, wishes and ways to solutions that can also help us in the future to guide our cities to the goal of quality residential, cultural, and commercial space.

After the great success of the first student workshops in 2004, when visions for the future of Frankfurt were elaborated that took a critical look at the development goals being pursued by the city, the Immobilienforum invited technical colleges from Germany and abroad to an international competition in Frankfurt in 2007.

In April, 2007, the Immobilienforum received the participants for a colloquium in the Deka Invest conference rooms high above the city, where the ambitious task posed to the technical colleges was discussed. They were presented with a series of typical office buildings at five different locations in Berlin, Munich, Frankfurt, Düsseldorf, and Hamburg, from which the students could each select one, in order to explore the conversion

scher Bürogebäude an fünf verschiedenen Standorten in Berlin, München, Frankfurt, Düsseldorf und Hamburg vorgestellt, von denen die Studentinnen und Studenten sich jeweils eines aussuchen konnten, um an ihnen die Potenziale für eine Umnutzung zu anspruchsvollen, städtischen Wohnkonzepten auszuloten, die besondere Angebote für neue Wohn-, Lebens- und Arbeitsformen bereitstellen. Dabei sollten unterschiedliche Nutzerprofile ermittelt werden, für die entsprechende Konzepte für innovatives und innerstädtischen Wohnen mit speziellen Serviceangeboten und räumlicher Flexibilität angeboten werden sollten – die Verbindung von Wohnen und Arbeiten konnte also in Teilbereichen der großvolumigen Gebäude durchaus beibehalten werden.

Bis in den Sommer hinein arbeiteten die Teilnehmerinnen und Teilnehmer des Wettbewerbes ihre Konzepte aus, die in großer Bandbreite ungeahnte Möglichkeiten für die Bürogebäude vorstellten. Visionäre wie praktische Ansätze vermischten sich mit auffälligen Neuformulierungen und zurückhaltenden Interventionen, die den Bestandsbauten zu neuem Leben verhalfen. Als sich die Jury im September 2007 zur Sichtung und Prämierung der Arbeiten zusammenfand, hatte sie sich mit 46 präzise ausgearbeiteten Konzepten zu beschäftigen, die variantenreiche Lösungsvorschläge für die nicht alltägliche Planungssituation vorlegten.

Das Immobilienforum möchte an dieser Stelle nicht allein den engagierten Studentinnen, Studenten und den sie betreuenden Hochschulprofessorinnen und -Professoren ihren Dank aussprechen, sondern auch den Jurorinnen und Juroren, die sich ehrenamtlich in einem langen und konstruktiven Arbeitsprozess eingehend mit der Vielzahl an Beiträgen beschäftigt haben. Unter dem Vorsitz von Herrn Professor Volkwin Marg waren in der Jury neben den Hochschulprofessoren Johann Eisele, Alexa Hartig und Matthias Sauerbruch auch Holger Hagge, Director Strategic Projects der Deutsche Bank AG, Jörg Nehls, Vorsitzender der Geschäftsführung der DTZ-Deutschland,

potential for demanding, urban residential concepts that provided special opportunities for new forms of living and working. In the process, different use profiles were to be determined, for which in turn the corresponding concepts for innovative inner city living with special service offers and spatial flexibility were developed. In doing so, the connection between living and working could be preserved in the main in subsections of the large volume buildings.

The participants worked into the summer on their concepts for the competition, which presented a broad spectrum of undreamed of possibilities for the office buildings. Visionary as well as practical approaches were combined in striking new formulations and restrained interventions, all designed to breathe new life into the existing building stock. When the jury gathered in September 2007 for viewing and evaluating the work, they were presented with forty-six precisely engineered concepts which proposed richly varied solutions for an unconventional planning situation.

The Immobilienforum wishes to thank here not just the committed students and the technical college professors who advised them, but also the jurors who were involved in the long and constructive work process to evaluate the many contributions. Under the chairmanship of Professor Volkwin Marg, in addition to the technical college professors Johann Eisele, Alexa Hartig and Matthias Sauerbruch, Holger Hagge, Director for Strategic Projects of Deutsche Bank AG, Jörg Nehls, chairman of the board of DTZ-Deutschland, Edwin Schwarz, Department Head for Planning and Safety of Frankfurt and Peter Cachola Schmal, Director of the German Architecture Museum and cooperation partners of the competition were represented.

At an awards ceremony in the German Architecture Museum in November 2007, a total of three works – from the multitude of entries – were presented the coveted

Edwin Schwarz, Dezernent für Planung und Sicherheit der Stadt Frankfurt und Peter Cachola Schmal, Direktor des Deutschen Architekturmuseums und Kooperationspartner des Wettbewerbes vertreten.

Dank Ihres Engagements konnten im November 2007 auf einer feierlichen Preisverleihung im Deutschen Architekturmuseum aus der Vielzahl von Einreichungen insgesamt drei Arbeiten präsentiert werden, die einen der begehrten Preise erhalten hatten. Darüber hinaus wurden vier weitere Beiträge mit jeweils einem 4. Preis ausgezeichnet und die School of Architecture der Yazd University im Iran mit einen Sonderpreis geehrt, den das Immobilienforum unter Vorsitz von Herrn Dawud Diniawarie für ihre besonderen Leistungen bereitstellte.

Da jedoch alle der eingereichten 46 Wettbewerbsbeiträge der vom Immobilienforum gestellten Aufgabe in hervorragender Weise gerecht geworden waren, wurden in einer anschließenden Ausstellung des Deutschen Architekturmuseums alle Arbeiten und ihre Verfasserinnen und Verfasser noch einmal besonders gewürdigt. Der feierliche Rahmen, in dem die Ausstellung eröffnet wurde und das große Interesse der Fachöffentlichkeit wie der Museumsbesucher haben das Immobilienforum Frankfurt bestärkt, auf Ihrem einmal eingeschlagenen Weg der Nachwuchsförderung fortzuschreiten. Allen Beteiligten sei daher an dieser Stelle noch einmal für die Teilnahme und die Förderung dieses anspruchsvollen Projektes herzlich gedankt.

prizes. In addition, four entries were each awarded a fourth prize, and the School of Architecture of Yazd University in Iran was awarded special prize, which the Immobilienforum chaired by Dawud Diniawarie set aside for special achievement.

However since all the forty-six competition entries had measured up magnificently to the task posed by Immobilienforum, all the works were displayed in a concluding exhibition of the German Architecture Museum, where their authors were once again especially acknowledged. The festive framework in which the exhibition was opened and the great interest of the professional public as well as the museum visitors strengthened the resolve of the Immobilienforum Frankfurt to continue along the path of promoting young talents. Again, we thank all those who participated for their involvement and assistance in this ambitious project.

Urban Living.
Visionen für die Stadt

Urban Living.
Visions for the City

Diskussion der Wettbewerbsbeiträge   Discussion of the competition entries

Gold Schnell Ikea

Emanuel Gießen
Technische Universität Darmstadt
Prof. Karl-Heinz Petzinka
Prof. Günther Schaller

Anstatt sich der Vorstellung hinzugeben, eine gemischte Hausgemeinschaft lasse sich durch räumliche Konfrontation von verschiedenen Nutzergruppen erzwingen, überhöht dieser Beitrag durch seine klare Struktur gesellschaftliche Unterschiede. In dem zu einem Wohnbau konvertierten Telekomhaus in der Düsseldorfer Sohnstraße werden verschiedene Einkommensgruppen mit ihren Lebensentwürfe voneinander getrennt. Die Worte „Gold", „Schnell" und „Ikea" stehen bei diesem Projekt für die drei unterschiedlichen Wohnbereiche, in die die Hochhausscheibe des Komplexes eingeteilt wird. In den umgebenden Flachbauten bleiben teilweise Büroflächen erhalten, neue Gewerbenutzungen wie Gastronomie und Einzelhandel kommen hinzu.

Bekrönt wird der Bau von dem Bereich „Gold", einer Mischung aus Atrium-, Reihen- und Penthaus. Sechs Einheiten sind um vier Gartenhöfe gruppiert und versprechen exklusives Wohnen. In den zwei Geschossen darunter befindet sich die Sektion „Schnell", es handelt sich hierbei um eine Art Boardinghouse. Kleine Wohnzellen sind in einen verglasten Quader eingestellt. Bei Bedarf können Teile der Bewegungsflächen den einzelnen Privatwohnungen zugeordnet werden. Dieser Teil des Hauses ist auf maximale Flexibilität ausgerichtet und für junge und kontaktfreudige Menschen zugeschnitten. Den Großteil des Hochhauses nimmt der Bereich „Ikea" ein, wo große Maisonettewohnungen mittelständisches Familienleben beherbergen sollen. Der Name des Möbelhauses dient hier als Allegorie für hohe Praktikabilität und günstige Preise. Die Beobachtung, dass die häufigste Reaktion auf forcierte Durchmischung trotzige Abgrenzung ist, lässt den Umkehrschluss zu, dass dieser Entwurf gerade durch seine strikte räumliche Trennung gesellschaftliche Durchmischung provozieren könnte. Der Entwurf wurde im Wettbewerb mit einem der vierten Preise ausgezeichnet.

Rather than succumbing to the idea that a mixed house community can be enforced via the spatial confrontation of different user-groups, this entry heightens social differences by means of its clear structure. In the Telekom building on Düsseldorf's Sohnstraße that is converted into housing, different social and income groups are separated from each other and provided with relevant living concepts. In this project, the words "Gold," "Fast," and "Ikea" stand for the three different housing areas into which the complex's high-rise block is divided. In the surrounding low buildings, some office space is retained and supplemented by new commercial usages such as gastronomy and retail.

The building is topped by the "Gold" area, a combination of atrium-, terrace- and penthouse. Six units are grouped around four garden courtyards, promising an exclusive living environment. In the two stories below is the section "Fast," which is a kind of boarding house. Here, small accommodation cells are set into a glazed cube. If required, parts of the circulation areas can also be allocated to the individual private apartments. This part of the house aims for maximum flexibility and is suited to young, sociable people. The major part of the high-rise is occupied by the section "Ikea," where large maisonette apartments are envisaged for middle-class family life. The name of the furnishing store functions as an allegory of great practicability and reasonable prices. Having made the observation that defiant separation is the most frequent response to enforced fraternization, the reverse assumption is made here; the design may prompt social mixing precisely because of its strict spatial separation. The design was awarded one of the fourth prizes in the competition.

Halböffentliche Skylobby mit Bar   Semi-public sky lobby with bar

Skylobby und Rückzugsbereiche   Sky lobby and withdrawing areas

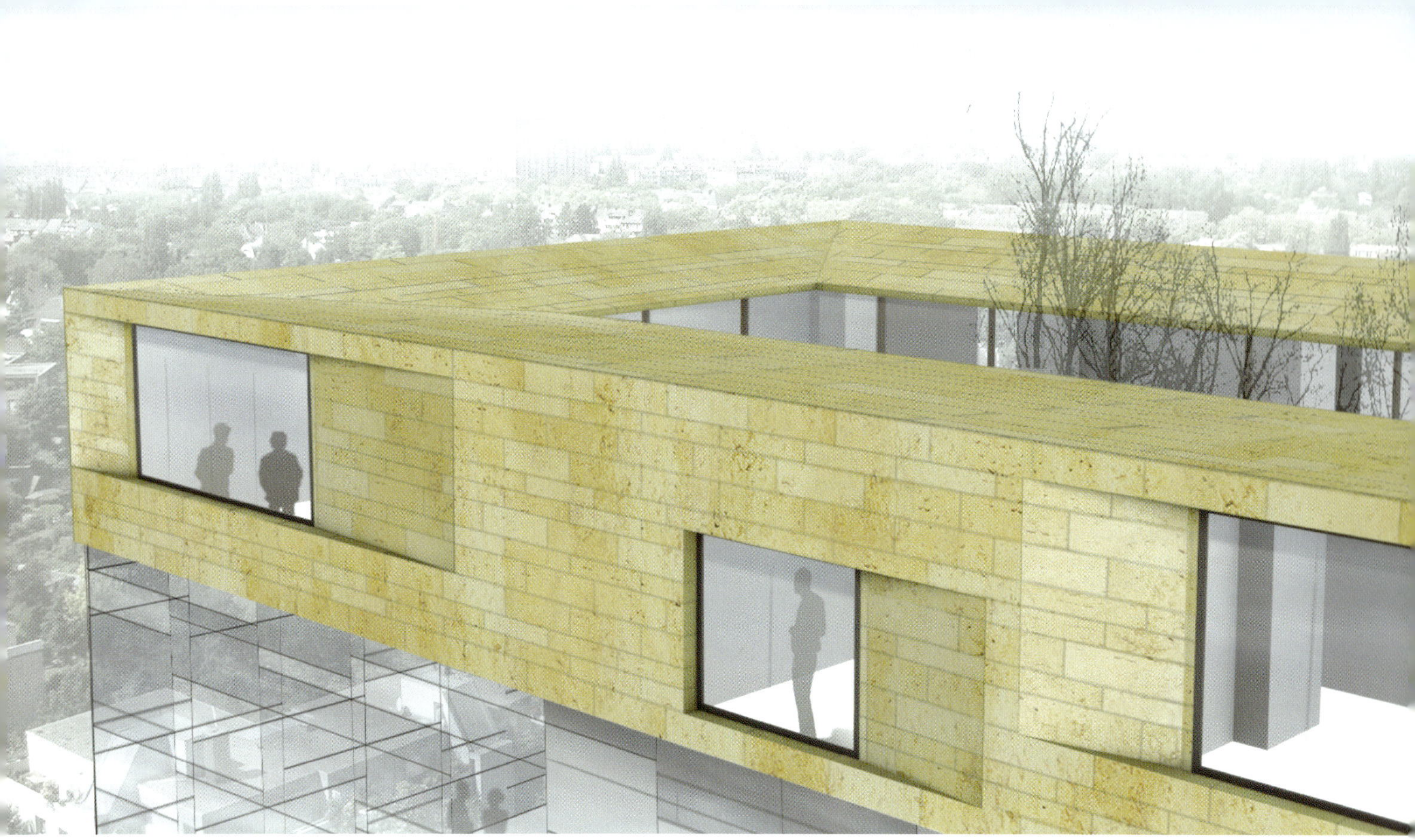

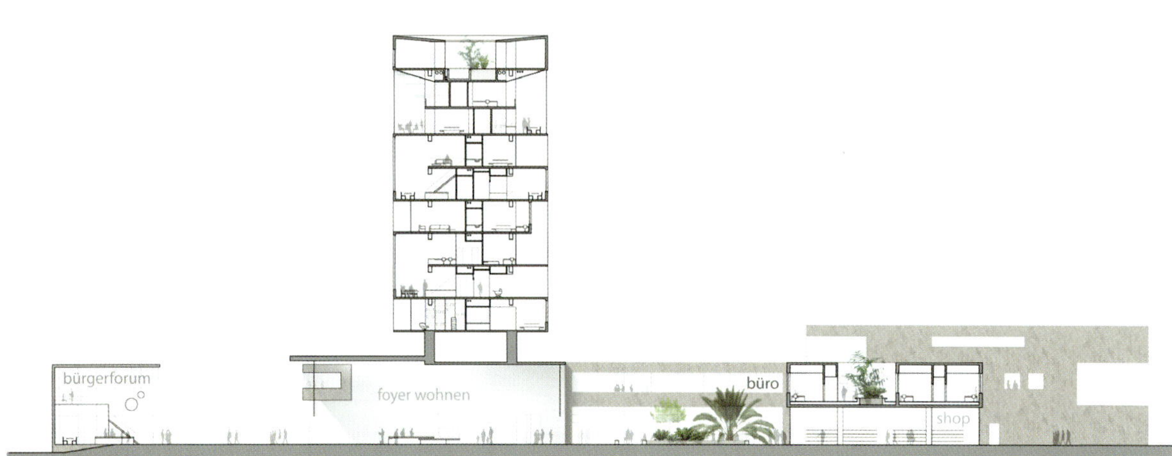

Penthouse mit Atrium
Penthouse with atrium

GOLDSCHNELLIKEA

Querschnitt Cross section

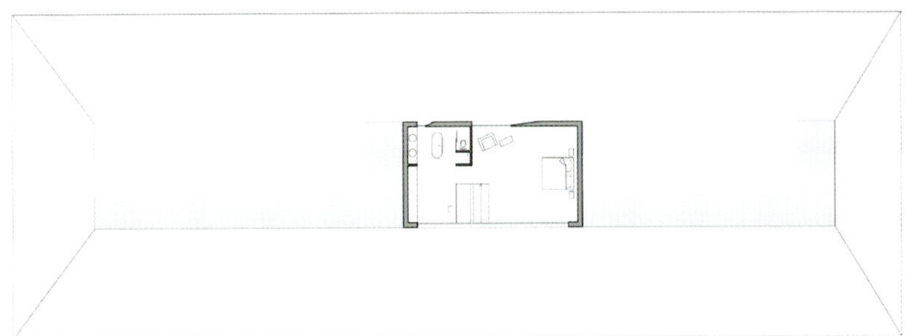

Atrium mit Impluvium   Atrium with impluvium

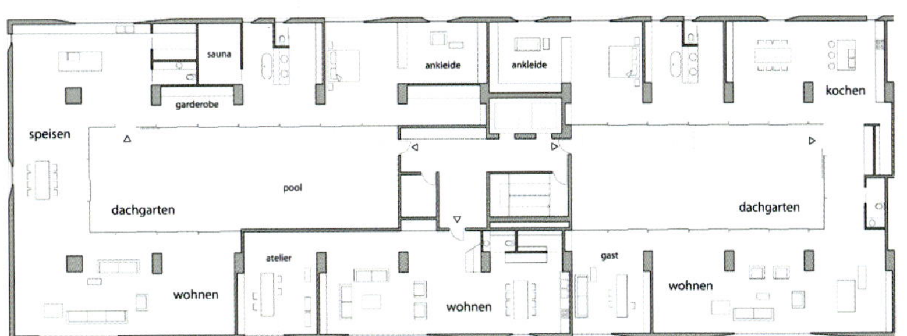

Grundriss und Dachaufsicht   Ground plan and view of roof from above

Living Cubes

Jan Conradi . Jens Ullersperger
Fachhochschule Wiesbaden
Prof. Ernst-Ulrich Scheffler

Dieser Beitrag, der das Bürohaus Ulmenstraße in Frankfurt behandelt, sieht neun verschiedene Wohnungstypen in Größen von 60 bis 210 Quadratmetern vor. Dabei sind die Wohnungen immer mehrgeschossig und enthalten meist einen Raum zweifacher Höhe. Der Altbau wird bis auf das Tragwerk entkernt, es werden an vielen Stellen Geschossplatten durchbrochen, um die vielfältigen Raumkonfigurationen der einzelnen Wohnungstypen zu ermöglichen. Aus T- und L-förmigen Körpern, gedreht und gestapelt, sind die unterschiedlichen Boxen der Einheiten zusammengesetzt. Große Loggien, Galerien und interne Blickbeziehungen zeichnen die Wohnräume aus. Einige der obersten Wohnungen erhalten großzügige Dachterrassen. Geplant sind ebenso Wohnungen für Singles und Paare wie auch Wohngemeinschaften für junge, gut verdienende Berufstätige. Im Erdgeschoss könnte ein Gastronomiebetrieb Platz finden, für das erste Obergeschoss werden Ateliers vorgeschlagen.
Der Raumabschluss nach außen wird durch eine Glasfassade hergestellt. Diese springt – den Wohnmodulen folgend – an vielen Stellen zurück und sorgt so für abwechslungsreiche Ansichten. Ebenso folgt die Dachkontur den unterschiedlichen Höhen der Wohneinheiten und gibt dem Gebäude ein vollkommen neues Erscheinungsbild.
Die Ausgestaltung der Wohnräume mit Nussbaumparkett, Epoxidharzböden und Ganzglasgeländern zielt auf ein hochpreisiges Marktsegment ab. Das Wohnen im umgebauten Bürohaus soll nicht unter dem Niveau eines anspruchsvollen Neubaus liegen. Leuchtendes Hellgrün auf ausgewählten Innenwänden scheint durch die sehr transparente Fassade in den Stadtraum.

This entry, which tackles the office building on Frankfurt's Ulmenstraße, plans nine different types of apartment ranging in size from 60 to 210 square meters. The apartments always extend over more than one floor; most include a room of double height. The old building is gutted to the basic load-bearing structure, and the floors are broken through in many places to allow for the differentiated configurations of the apartment types. The different boxes of the housing units are assembled from T- and L-shaped volumes, which are turned and stacked. The residential areas are characterized by large loggias, galleries, and internal viewing axes. Some of the apartments on the uppermost floors are provided with extensive roof terraces. Apartments for singles and couples are envisioned, as well as shared apartments for young, high-earning professionals. A glass façade terminates the rooms to the outside. Tracing the line of the housing modules, this is recessed in many places to ensure a variety of perspectives. In the same way, the roof contours follow the differing heights of the housing units and so give the building a completely new appearance. In addition to the restaurant business on the ground floor, the authors suggest the provision of studios on the first floor. The fittings of the residential areas – with walnut parquet flooring, epoxy-resin floors and solid glass handrails – target a high-price segment of the market. Living in the converted office building should be comparable to the standard offered in a superior new building. The bright light-green of selected interior walls shimmers through the highly transparent facade into urban space.

Fassade mit auskragenden Wohneinheiten   Façade with projecting housing units

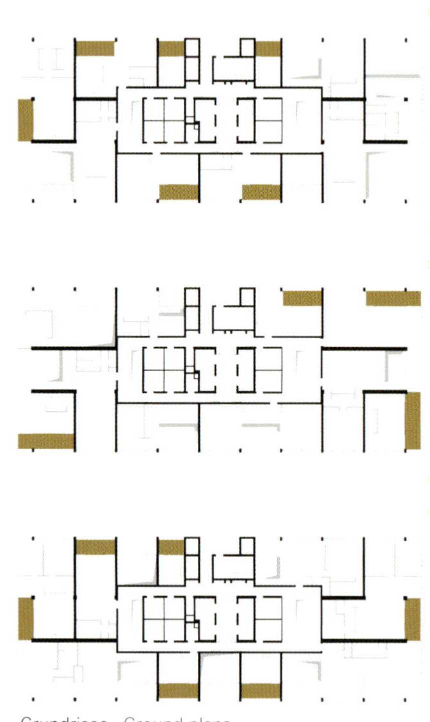

Grundrisse Ground plans

Gestapelte Wohneinheiten
Stacked housing units

Galeriebereich Gallery area

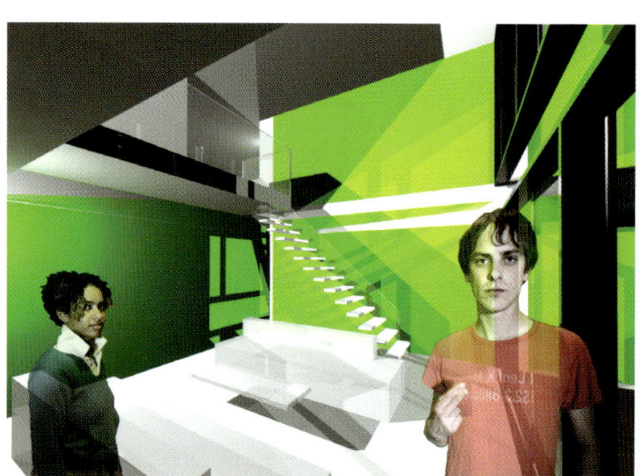

Wohnraum und Aufgang Living area and staircase

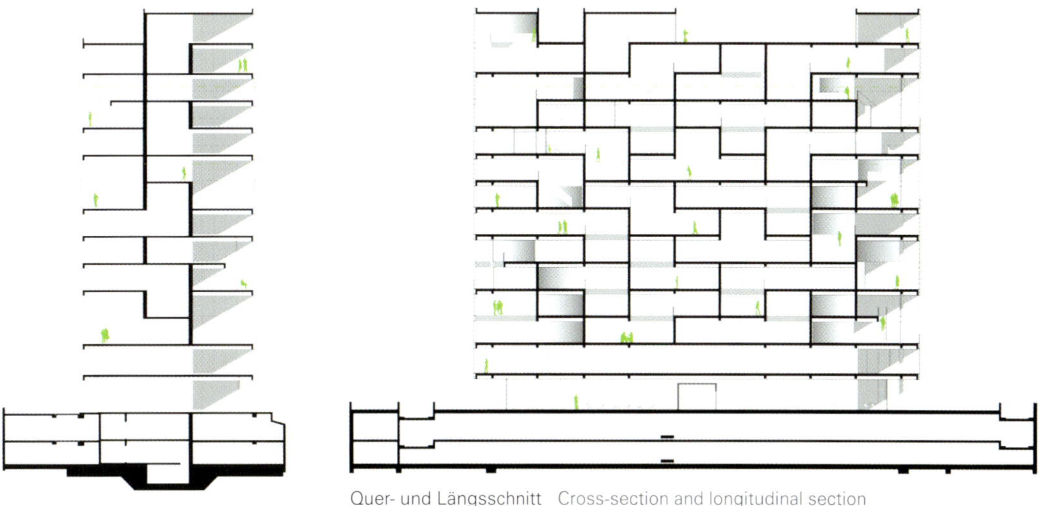

Quer- und Längsschnitt   Cross-section and longitudinal section

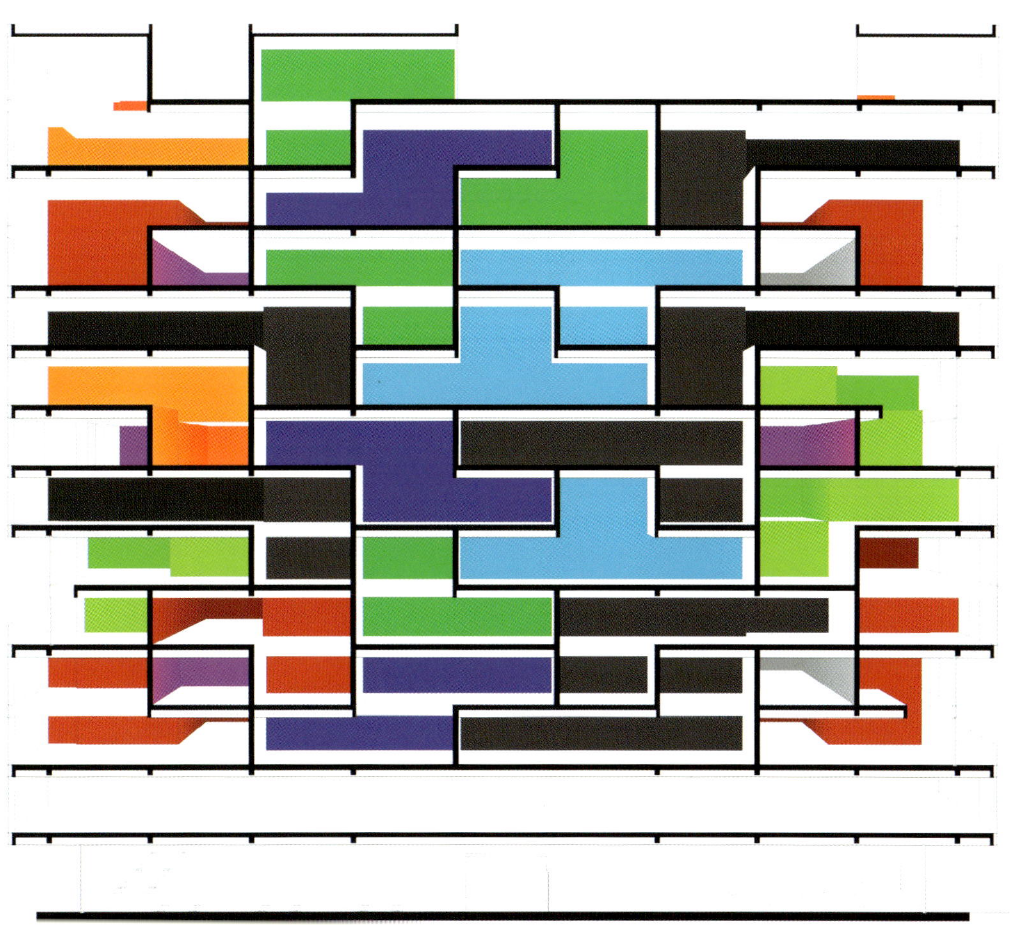

Miteinander verschränkte Wohnungen   Interlocking apartments

Satellite Living

Dina Tiles . Lei Tao
Technische Universität Darmstadt
Prof. Dietrich Bangert

Das im Wettbewerb zweitplazierte „Satellite Living" ist ein prototypisches Umbaukonzept, das am Beispiel Frankfurt Ulmenstraße entwickelt wird, grundsätzlich aber auf eine Vielzahl von leer stehenden Bürobauten angewendet werden kann. Im Gegensatz zu den meisten anderen Wettbewerbsbeiträgen wird nicht der Versuch unternommen, den Komfort eines gehobenen Wohnungsneubaus zu erreichen. Der Entwurf betont vielmehr die temporäre Natur seiner Nutzung als Kurzzeit-Wohnort. Es handelt sich um einen urbanen Campingplatz für flexible und mobile Berufstätige, die – anstatt nach Frankfurt zu pendeln – unter der Woche in einem im Hochhaus geparkten Wohnwagen schlafen. Die Campingwagen können je nach Bedarf umgestellt und mitgenommen werden – eine Reflexion der dramatisch dynamisierten Lebensumstände vieler junger Berufstätiger in der heutigen Arbeitsmarktsituation.
 Wie bei vielen Wettbewerbsentwürfen findet ein Rückbau bis auf Versorgungskern und Tragskelett statt. Allerdings belässt „Satellite Living" diese Rohbauform grundsätzlich bestehen. Als neuen Ausbau schlägt der Entwurf lediglich einen Dachgarten, einen Lastenaufzug und eine dünne Fassade aus Lochblechen vor. In den unteren vier Regelgeschossen sind feste Wohneinheiten für Bewohner mit längerfristigen Arbeitsverträgen untergebracht. Trotzdem werden diese Stockwerke nicht komplett ausgebaut, sondern punktuell mit Wohnboxen bestückt. Deren Design orientiert sich formal an den Wohnwagen der oberen Etagen. Die Wohnungsgrößen variieren hier zwischen 30 und 65 Quadratmetern. In der obersten Etage befindet sich direkt unter dem großen Dachgarten ein kleiner Sportpark. Bei diesem Projekt verschwimmen die typologischen Unterschiede zwischen Wohn-, Büro-, Parkhaus und Industriebau.

Awarded second place in the competition, "Satellite Living" is a prototypical conversion concept that has been developed using Frankfurt's Ulmenstraße as an example, but can be applied in principle to a large number of empty office buildings. By contrast to most other entries, no attempt is made to achieve the comforts of a new, superior standard residential building. Rather, the design emphasizes the temporary nature of its usage as short-term accommodation. It represents an urban camping site for flexible, mobile professionals who – rather than commuting to Frankfurt – sleep in a camping van parked inside a high-rise building during the week. The vans can be moved and taken away whenever required. This housing model reflects the dramatic increase in dynamism of many young professionals' circumstances in the light of today's labor market. As in many competition entries, the building is gutted to leave only central supply tracts and the load-bearing skeleton. However, in principle, "Satellite Living" leaves this shell construction as it is. The only new developments suggested by the design are a roof garden, a goods lift, and a thin façade made of perforated metal sheeting. The lower four regular floors accommodate fixed housing units for residents with longer-term work contracts. But even these floors are not completely developed; the residential 'boxes' are merely inserted in some places. Their formal design is oriented on the camping vans of the upper floors. Here, the apartment sizes vary between 30 and 65 square meters. On the topmost floor, directly below the roof garden, there is a small sports park. In this project, the typological differences between housing, office building, car park and industrial building are fluid.

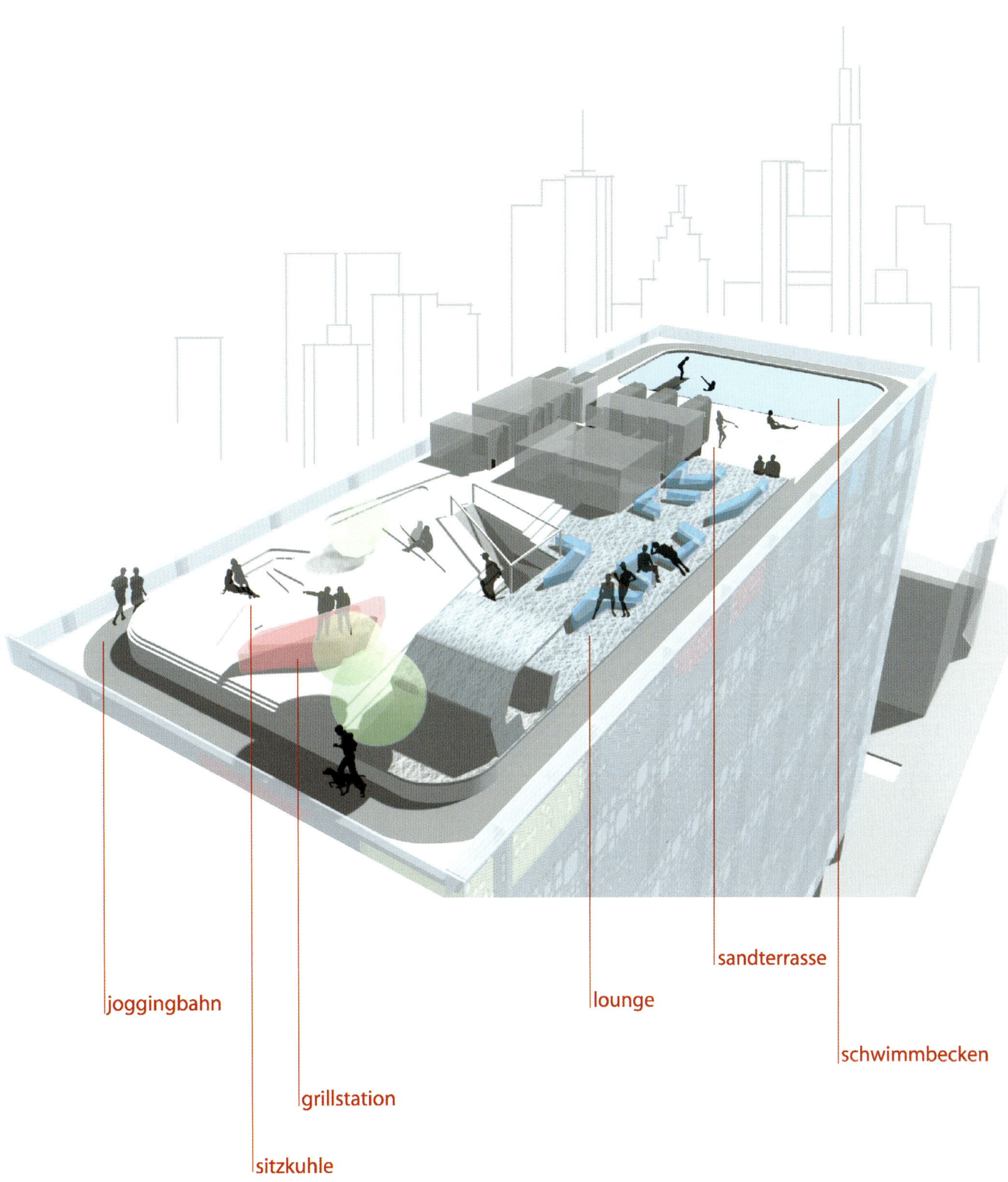

joggingbahn
sitzkuhle
grillstation
lounge
sandterrasse
schwimmbecken

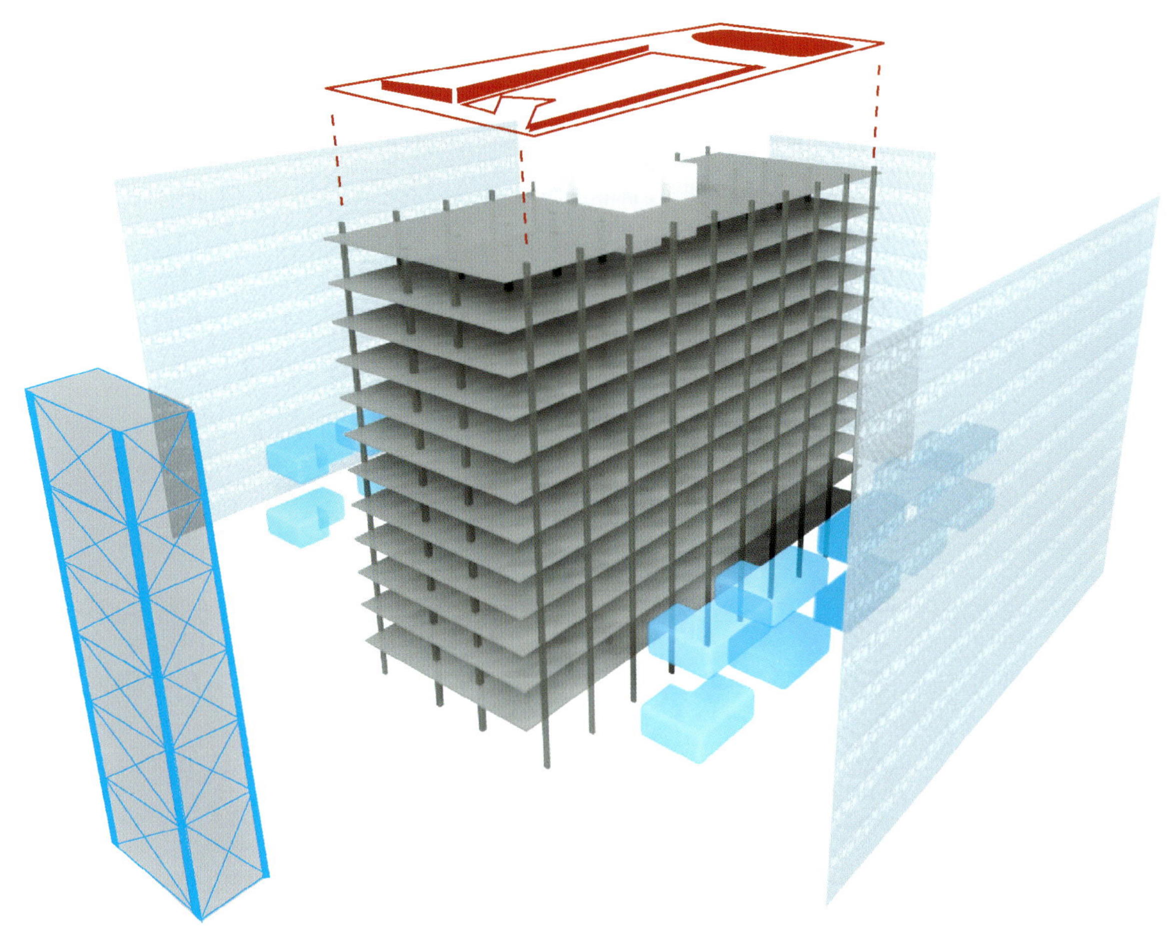

Minimaler Ausbau für stationäre und temporäre Wohneinheiten
Minimal development for stationary and temporary housing units

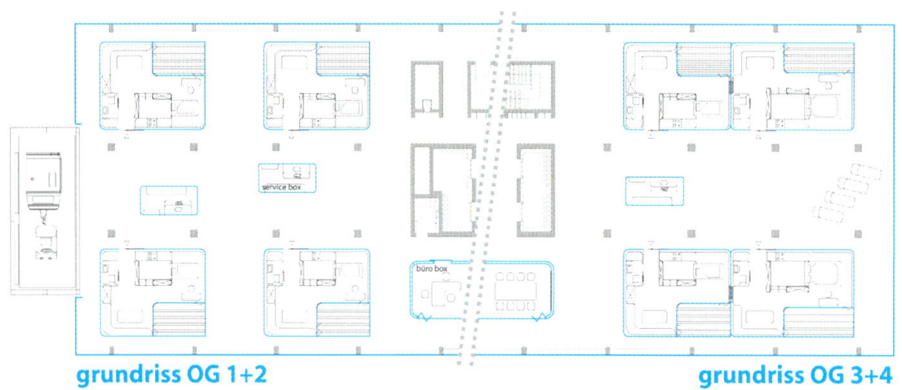

Campen mit Ausblick auf die Stadt
Camping with a view of the city

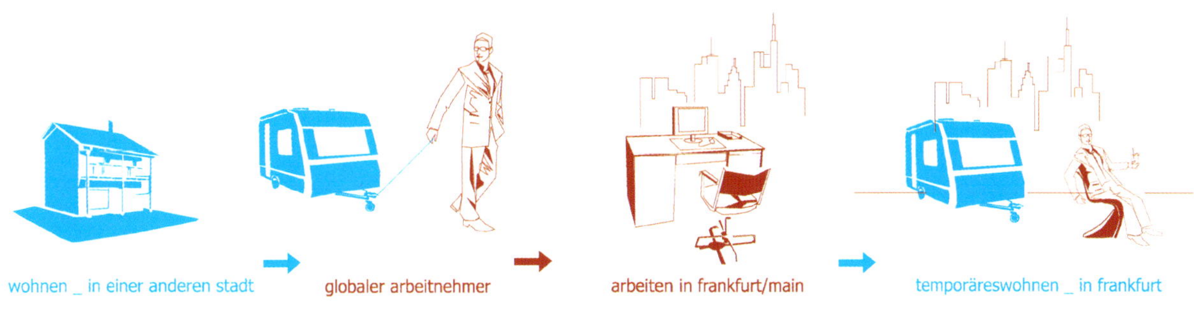

Green City Life

Stefan Roller . Arne Sommer
Fachhochschule Mainz
Prof. Antje Krauter

Der Beitrag „Green City Life" bringt am Standort in der Frankfurt Ulmenstraße Vegetation und Wohnraum zusammen. Vier große Eingriffe werden vorgenommen, die die Struktur und das Erscheinungsbild des Bürobaus komplett verändern: Erstens wird die gesamte Fassade mit einer zusätzlichen Glasschicht überzogen, sodass zwischen innerer und äußerer Hülle ein neuer Raum entsteht. Dieser wird zur Pflanzenzucht genutzt. Zweitens ziehen sich große Wintergärten auf allen Geschossen bis weit ins Innere des Gebäudes. Sie zeichnen sich auch als polygonale Körper an der Gebäudekontur ab und verleihen dem Haus eine besondere Form. Drittens werden Erd- und Dachgeschoss intensiv bepflanzt, das Erdgeschoss ganz geöffnet. Viertens entstehen links und rechts der Aufzüge zwei Lichtschächte, die an einer Seite ebenfalls bepflanze Balkons erhalten.
Jede Wohnung erhält Zugang zu mindestens einem der Wintergärten, wobei die inneren Fassaden zu den Wintergärten hin offen und frei gestaltet werden. Die amorphen Grundfiguren dieser internen Pflanzzonen sollen für einen möglichst fließenden Übergang zwischen Wohn- und Grünraum sorgen. Treppen verbinden die Wintergärten jeweils dort geschossweise miteinander, wo diese sich aus der Fassadenebene herausstülpen. Sechs Etagen erhalten jeweils individuelle Aufteilungen, danach wiederholen sich die verschiedenen Grundrisse der Stockwerke eins bis sechs auf den Geschossen sieben bis zwölf. Angesichts des enormen Aufwands der Umgestaltung bei vergleichsweise wenig Nutzfläche ist dieses Projekt auf ein überdurchschnittlich wohlhabendes Klientel zugeschnitten. Das umgebende Grundstück ist als eine durchgehend grüne Rasenfläche geplant, Büsche und Bäume werden hauptsächlich direkt unter dem Haus gepflanzt.

The entry "Green City Life" combines vegetation and living space in the location on Frankfurt's Ulmenstraße. Four major interventions are made, completely altering the structure and appearance of the office building. Firstly, the whole facade is covered by an additional layer of glass so that a new space evolves between the inner and outer casing. This is used to cultivate plants. Secondly, large conservatories extend far into the building's interior on all floors. They are also echoed in the contours of the building as polygonal volumes, lending a distinctive shape to the house. Thirdly, intense planting takes place on the ground and attic floors, and the ground floor is opened up completely. Fourthly, two light shafts are created at the left and right of the lifts; these are also provided with balconies of plants on one side. Every apartment accesses at least one of the conservatories, whereby the inner facades to the conservatories have an open, free design. The aim is for the basic amorphous figures of these internal plant areas to create the most fluid transition possible between residential and green spaces. Stairs link the conservatories floor-wise, at the point where they project from the plane of the facade. Each of the first six floors is given an individual layout; after this, the differing ground plans of floors one to six are repeated on the floors seven to twelve. Due to the enormous cost of conversion and comparably small utilization area, this project is suitable for clientele with above-average incomes. Plans for the surrounding plot include a continuous green lawn; in the main, bushes and trees will be planted directly behind the house.

Gemeinschaftsbereich mit Ausblick   Communal area with view

Blick in ein Apartment
View into an apartment

Fassade mit vertikalen Gärten   Façade with vertical gardens

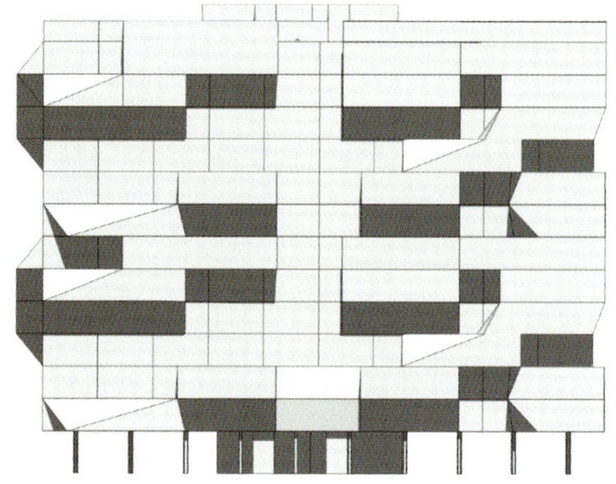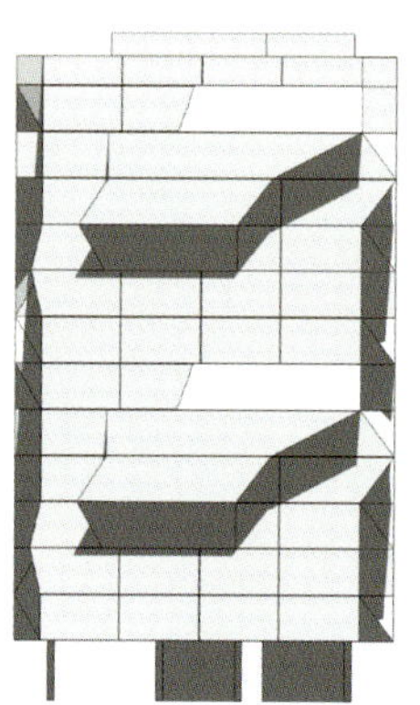

Ansichten der gefalteten Fassaden
Views of the pleated façades

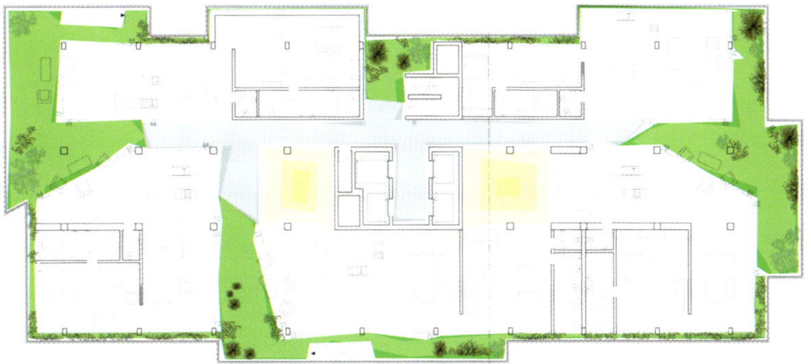

Begrünter Gebäudekörper   Architectural volumes with vegetation

Grundriss mit fünf Wohneinheiten   Ground plan with five housing units

Berlin Tower

Florian Kallenberger
Hochschule Darmstadt
Prof. Marcin Orawiec

Der bisher nur als Entwurf bestehende Tower in der Berliner Andreasstraße wird in diesem Beitrag für eine Mischnutzung umgeplant. Zonen für gemeinschaftliche Einrichtungen entstehen am Fuß, an der Spitze, und in der Mitte des Hochhauses. Etwa 14.000 Quadratmeter der Geschossflächen werden zu Wohnungen umgewidmet, 12.400 Quadratmeter Büroflächen bleiben erhalten. Die Büroeinheiten sind mit 200 Quadratmetern standardisiert, die Wohnungen in drei Typen von je 80, 120 und 220 Quadratmetern eingeteilt. Dachgarten und Sportstätten in den obersten Etagen sind ebenso für alle Bewohner zugänglich wie Arztpraxen, Restaurants und Bibliothek im mittleren Segment. Erd- und Untergeschosse werden öffentlich genutzt: als Ladenfläche, Bar und Diskothek.

Auf jedem dritten Stockwerk verbindet ein Gartenhof die abgerundeten Flügel des Gebäudes. Wohnungen, die an diese Höfe angrenzen, bekommen transparente Innenfassaden. Alle Wohnfunktionen sind in der südlichen Hälfte des Hauses untergebracht und nach dem Sonnenverlauf ausgerichtet. Die Höfe sollen als Kommunikations- und Begegnungsräume den Zusammenhalt der Hausgemeinschaft fördern, sie sind mit großen, pilzstützenförmigen Pflanzenobjekten dekoriert. Zusätzlich dienen die begrünten Höfe der Klimaregulierung.

Die florale Grundrissfigur des ursprünglichen Entwurfs wird benutzt, um daraus neue Wohnungsgrundrisse, Gartengestaltung und weitere Dekoration abzuleiten. Obwohl die Wohnungsgrößen und die üppigen Gemeinschaftsräume hohe Wohnungspreise erwarten lassen, gehen die Verfasser davon aus, dass die direkte Nähe zu den im Haus integrierten Versorgungseinrichtungen dieses Wohnprojekt für alle Arten von Bewohnern attraktiv macht.

This entry reconceives the tower on Andreasstraße in Berlin, currently still in the planning stage, for mixed utilization. Zones for communal institutions are developed at the foot, the top, and in the middle of the high-rise building. About 14,000 square meters of the floor space are converted for use as apartments, while 12,400 square meters of office space are retained. The office units are standardized at 200 square meters, the apartments divided into three types of 80, 120, and 220 square meters each. Roof garden and sports facilities on the upper floors are accessible to all residents, like the doctors' practices, restaurants, and library in the middle segment. The ground and lower floors are used publicly as retail areas, bar, and discotheque. A garden courtyard links the rounded wings of the building on every third floor. Apartments adjoining these courtyards are given transparent inner facades. All residential functions are located in the southern half of the house and oriented on the course of the sun. As spaces for communication and encounters, the courtyards should promote solidarity in the house community; they are decked with large mushroom-shaped plant objects. In addition, these courtyards with green vegetation will help to regulate the climate. The floral-shaped ground plan of the original design is adopted as a basis from which to derive the new apartment ground plans, garden design, and additional decor. Although the apartment sizes and lavish communal rooms suggest that prices will be high, the authors assume that the direct proximity of the services integrated into the building will make this housing project attractive for all types of resident.

Wohnung mit frei gestaltbarem Grundriss
Apartment with flexible ground plan

Wohnen
Essen
Schlafen
Schlafen
Arbeiten
Schlafen
Bad/WC
WC
Eingang
auswirtschaft

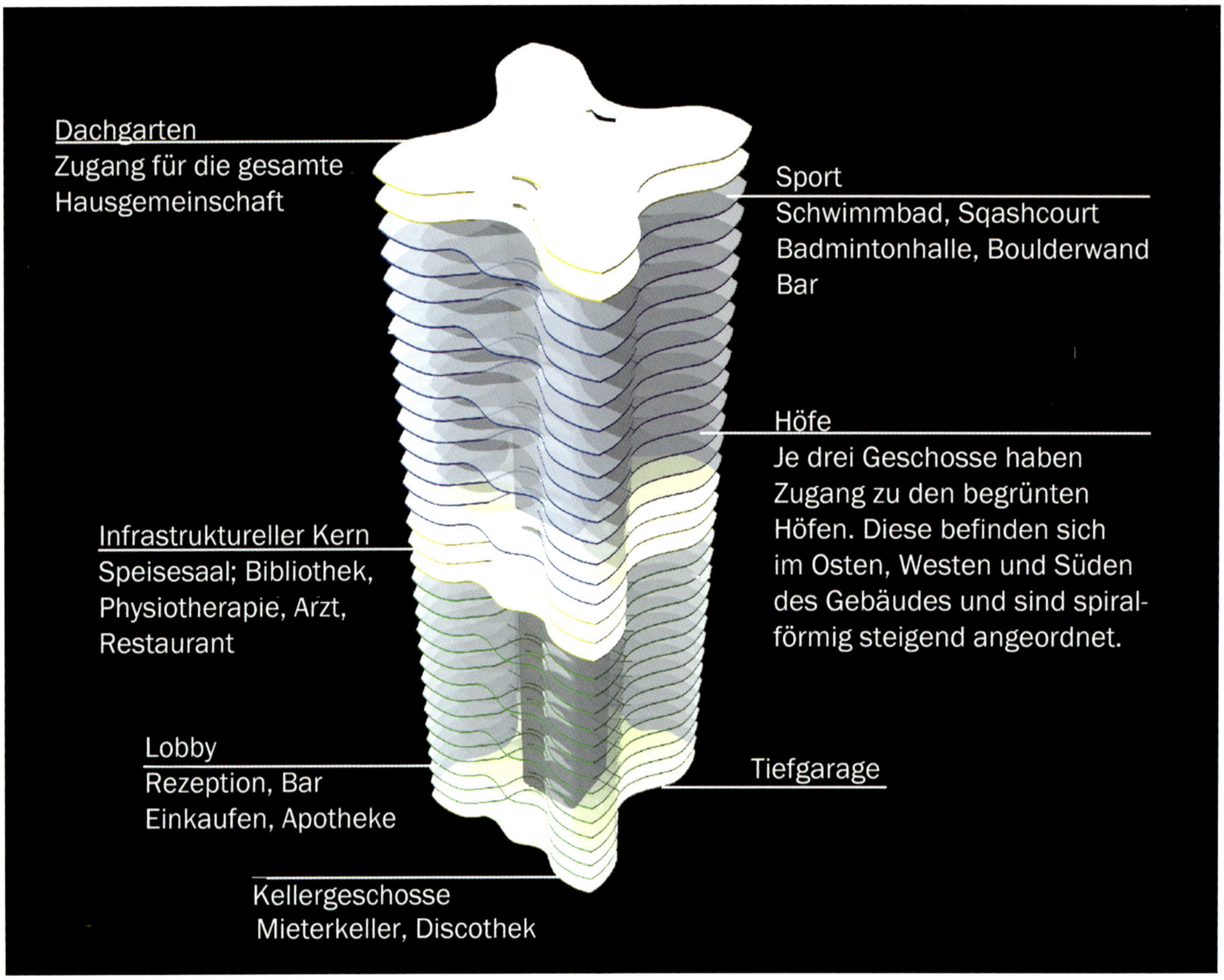

Funktionsverteilung Distribution of functions

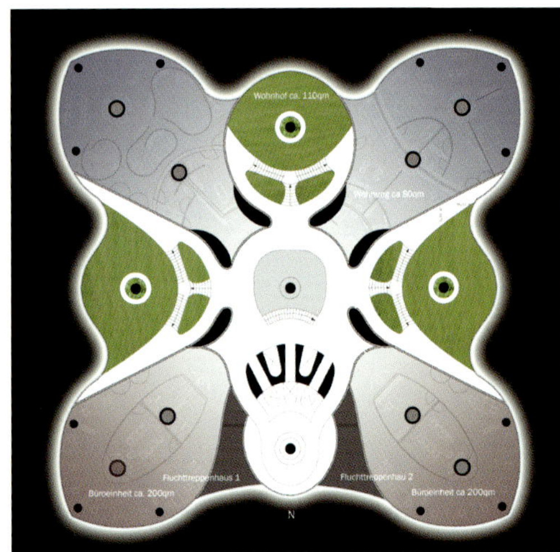

Lobby mit Verwaltung und Einzelhandel
Lobby with administration office and retail units

Regelgeschoss mit Wohn- und Arbeitsbereichen
Typical floor with living and working areas

Begrünter Wohnhof Residential courtyard with plants

Wohnbereich Living area

Gina & Tango

Julia Url
Technische Universität Darmstadt
Prof. Karl-Heinz Petzinka
Prof. Günther Schaller

Das Bürohaus am Standort Ulmenstraße Frankfurt wird bis auf seine Tragstruktur zurückgebaut, aufgestockt und neu eingeteilt. Als Besonderheit sind nicht alle freigelegten Bereiche des Skelettes neu genutzt, große Leerstellen verbleiben im vorgegebenen Raumgerüst. Boxen werden im Nachhinein als isolierte Körper eingeschoben und erhalten so die Qualitäten freistehender Einzelhäuser. Dabei variiert die Höhe der Module extrem. Die Formenvielfalt umfasst liegende und hochgestellte, viergeschossige Körper, die Wohnungen von 50 bis 270 Quadratmeter aufnehmen können.

Auch die Einbringung von Gewerbeeinheiten in das Hochhaus ist vorgesehen. Sie treten jedoch weniger deutlich hervor, die Büroflächen werden einfach in die Struktur des Tragwerks eingepasst. Erdgeschoss und erstes Obergeschoss beherbergen Kindertagesstätte und Altenbetreuung, das elfte Geschoss ein Restaurant. Um den Verlust der Geschossfläche teilweise zu kompensieren, wird das Gebäude um drei Etagen aufgestockt. Über der bisherigen Dachebene erhebt sich ein frei geformter Körper, der ebenfalls Wohnungen enthält.

Einige der Leerstellen im Gerüst des Hauses werden mit Gärten ausgestaltet, die den Eindruck erwecken, als ob ganze Stücke von Landschaft in das Gebäude eingefügt wären: Um eine Bodenmodulation der Grünfläche zu erreichen, werden neue, leicht gefaltete Geschossdecken eingezogen. Ebenso sanft moduliert ist die neue Dachebene. Sie trennt den zusätzlichen Dachaufbau vom Altbau und bietet Platz für einen Garten mit Swimmingpool. Der Versorgungskern des bestehenden Gebäudes wird verlängert, die Geometrie des Tragwerks bleibt weitestgehend erhalten.

The office building in the location on Frankfurt's Ulmenstraße is dismantled to its load-bearing structure, redivided, and several floors added. As a special feature, not all the exposed areas of the skeleton are reused; large gaps remain in the existing spatial framework. Here, boxes are later inserted as isolated volumes and thus develop some qualities of free-standing houses. The height of the modules varies considerably. The diversity of forms includes horizontal and vertical four-story volumes, offering apartments of 50 to 270 square meters.

Accommodation of commercial units in the high-rise is also envisaged. However, these will stand out much less, simply being fitted into the structure of the load-bearing supports. The ground floor and first floor accommodate a children's day-care center and supervision for seniors, the eleventh floor includes a restaurant. In order to compensate at least partially for the loss of floor space, three floors are added to the building. An openly designed volume rises above the former roof level and also contains apartments. Some of the gaps in the structural framework are conceived as gardens. New, slightly pleated ceilings are inserted for this purpose. They allow for modulation of the earth in the green areas. In turn, this heightens the impression that complete sections of landscape have been inserted into the building. The new roof level is gently modulated in the same way. This separates the additional construction on the roof from the old building and provides space for a garden with swimming pool. The supply tract of the existing building is extended, but the geometry of the load-bearing structure is largely untouched.

Traggerüst mit eingeschobenen Körpern
Load-bearing skeleton with inserted volumes

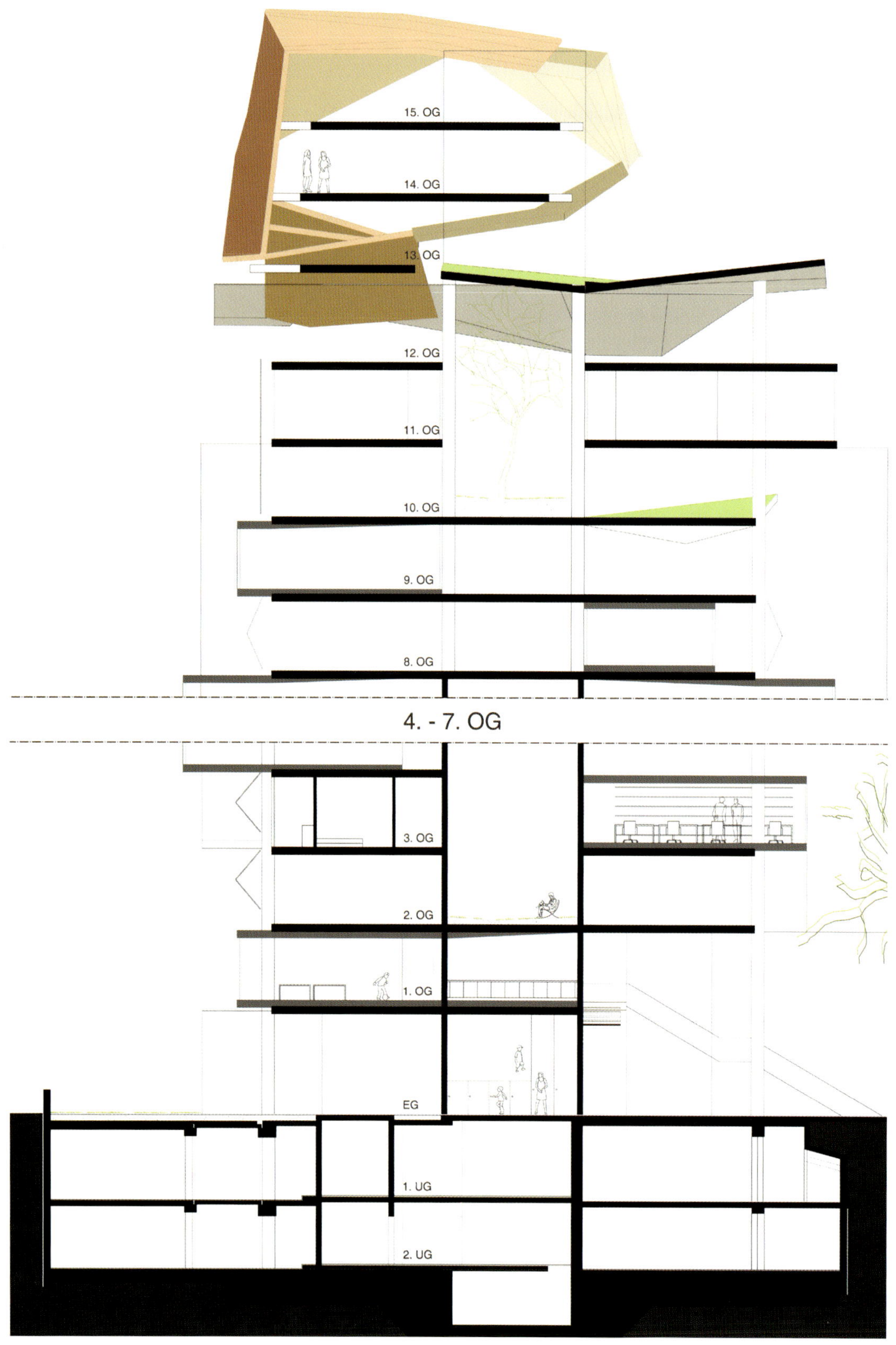

Querschnitt mit neuem Dachaufbau Cross section with new erection on roof

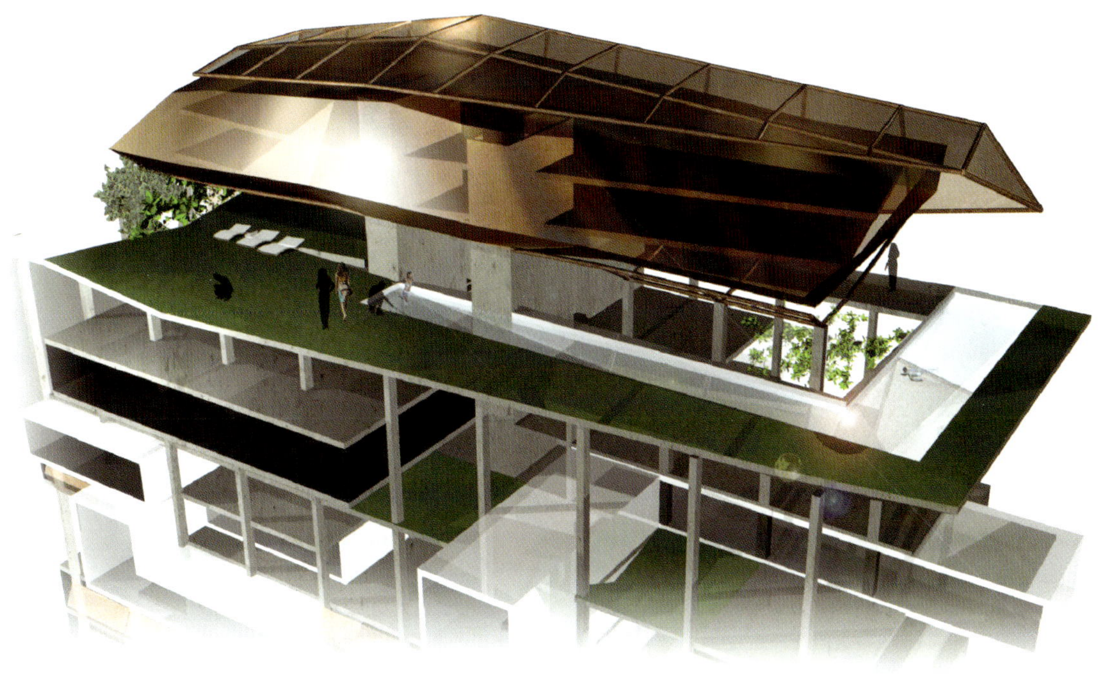

Dachaufbau   Erection on roof

Ansicht von Südwest   View from the southwest

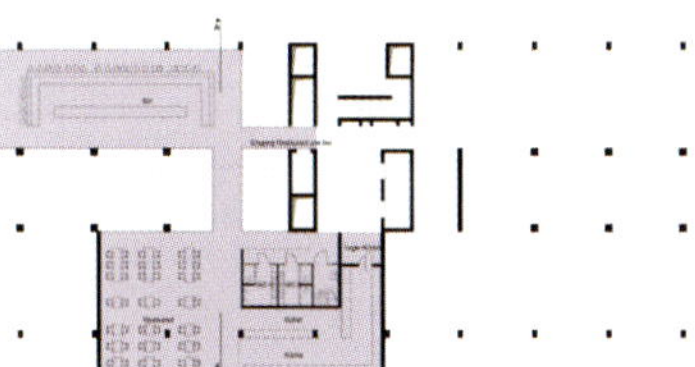

Bar und Restaurant   Bar and Restaurant

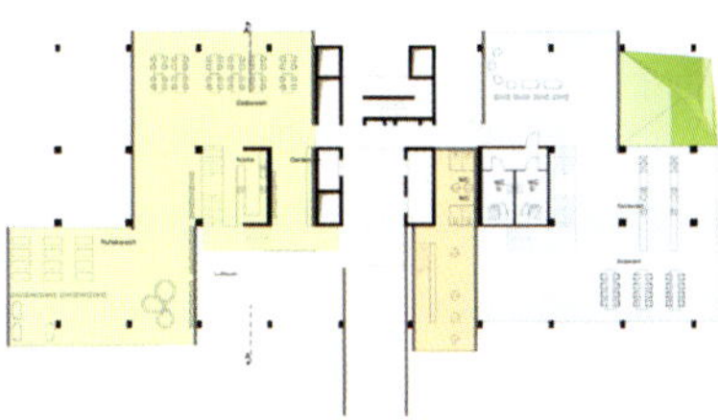

Servicebereiche   Service area

Kommunikator

Laura Pujades Rocamora
Technische Universität Darmstadt
Prof. Karl-Heinz Petzinka
Prof. Günther Schaller

Die Arbeit mit dem Titel „Kommunikator" wurde von der Jury mit einem vierten Preis ausgezeichnet. Ausgehend von der Annahme, dass sich in den Städten traditionelle Familienstrukturen noch weiter auflösen werden als dies bis jetzt schon geschehen ist, wird das Objekt Ulmenstraße Frankfurt für ein fortschrittliches Wohnexperiment umgeplant. Alle Wohnungen sind so entworfen, dass auf kleinstem Raum Schlaf-, Küchen- und Sanitärräume unterzubringen sind. Aktivitäten, die weniger Privatsphäre erfordern, finden in Gemeinschaftsräumen statt. In gemeinsamen Wasch-, Ess- und Freizeiträumen sind die Bewohner dazu gezwungen, sich miteinander zu verständigen. So soll der drohenden Vereinsamung durch die zunehmende Individualisierung entgegengewirkt werden.
Das Bürohaus Ulmenstraße wird bis auf das Tragwerk und den Versorgungskern zurückgebaut, um es besser zu belichten. Drei schmale Höfe ziehen sich als Lichtschächte durch die gesamte Höhe des Baus und öffnen sich mit Oberlichtern zum Himmel. An diese Lichtschächte sind die gemeinschaftlich genutzten Räume angeschlossen und mit Brücken, Treppen und Stegen untereinander verbunden, wenn sie auf unterschiedlichen Seiten der Lichtschächte liegen – ein räumliches Organisationsprinzip, das erstmals in den 1960er Jahren beim Studentendorf der Freien Universität Berlin erprobt wurde. Hier wird es jedoch auf einen wesentlich größeren Maßstab und auf eine breitere Bevölkerungsgruppe übertragen. Die Wohnungsgrößen reichen von rund 30 Quadratmetern für eine Person bis zu 170 Quadratmetern für fünf Personen, was zunächst wenig erscheint. Bezieht man jedoch die großzügigen Gemeinschaftsflächen des Hauses mit ein, stellt sich das Raumangebot als reichhaltig dar.

The jury awarded a fourth prize to the work entitled "Communicator." Starting with the assumption that traditional family structures will continue to dissolve even further, the property on Ulmenstraße in Frankfurt is converted for use as a progressive housing experiment. All the apartments are designed so that bedrooms, kitchen, and sanitation facilities can be accommodated in the smallest possible space. Activities that demand less privacy take place in communal rooms. In communal laundry, eating, and leisure areas, the occupants are compelled to interact with one another. The aim of this is to counteract the isolation threatened by growing individualization. The office building on Ulmenstraße is gutted apart from its load-bearing structure and central supply tract. As the block is relatively deep, the intention is to provide better light at the center by means of intervention in the interior. Like light shafts, three narrow courtyards run through the full height of the building and are opened to the sky using skylights. The communally used rooms are adjoined to these light shafts. When they are situated on different sides of the light shafts, the individual communal areas are linked by means of bridges, steps, and piers. This is a familiar principle for the organization of space, as it was tried out in the student village of the Freie Universität Berlin. However, here it is applied on a much larger scale and intended for a wider group of the population. The apartment sizes range from 30 square meters for one person to 170 square meters for five people. This may seem small at first, but if the extensive communal areas of the house are included, the provision of space is quite generous.

Fassade mit versetzten Raumeinheiten
Façade with staggered spatial units

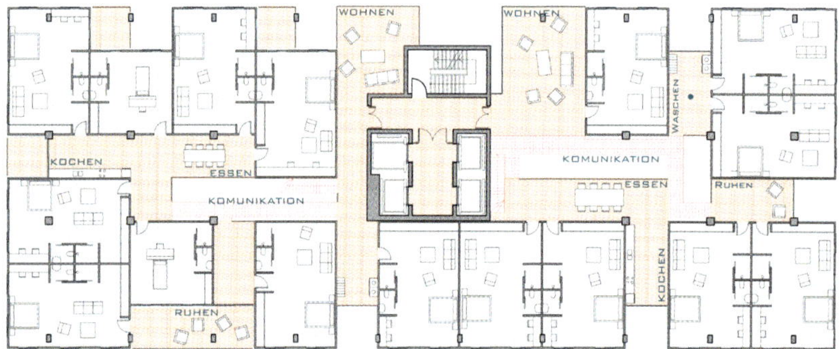

Grundriss Wohngeschoss   Ground plan of residential floor

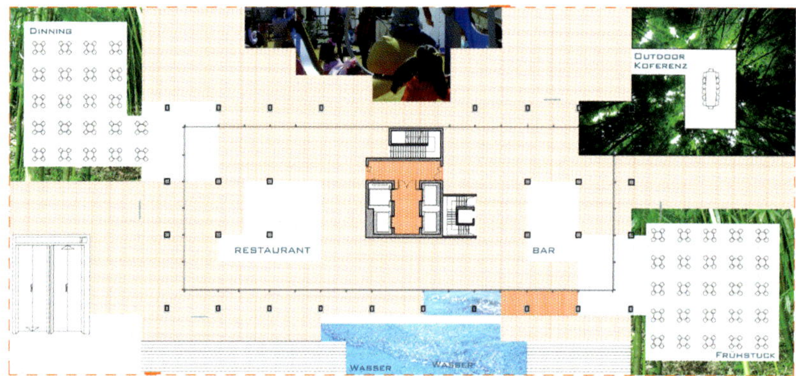

Grundriss Erdgeschoss mit Restaurant   Ground plan of ground floor with restaurant

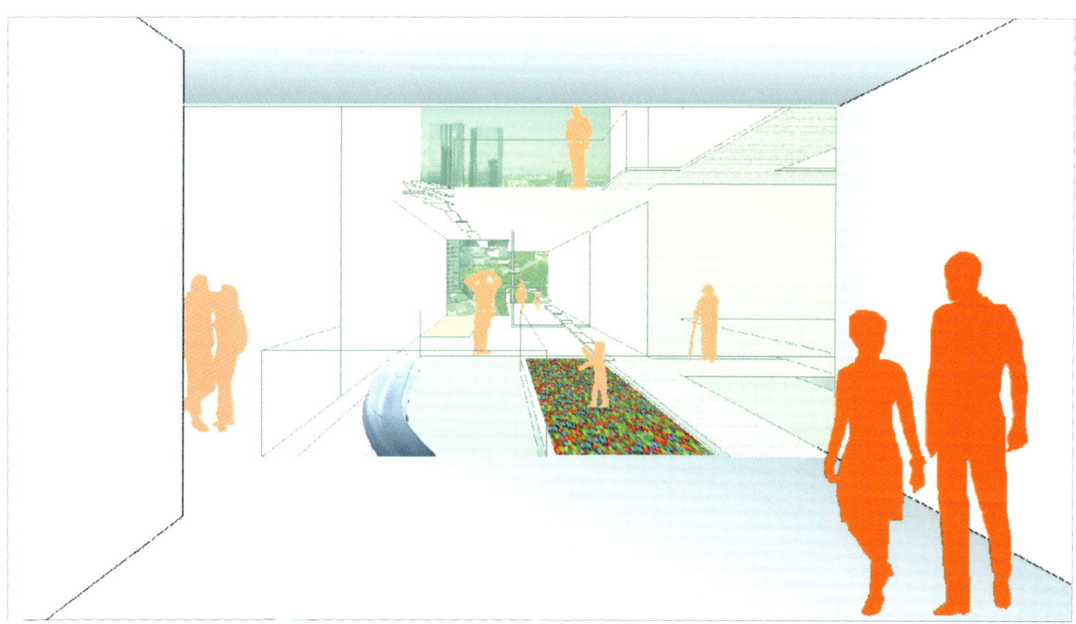

Kommunikationsbereich Kinderspielplatz   Communication area, children's playground

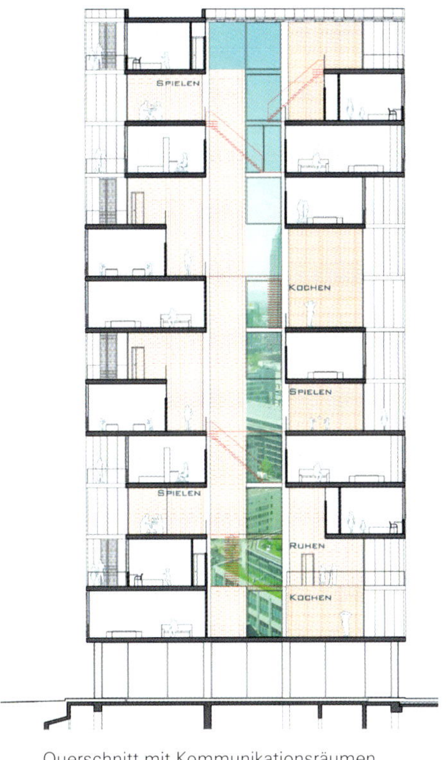

Querschnitt mit Kommunikationsräumen
Cross-section showing communication areas

Fassade Westen
West façade

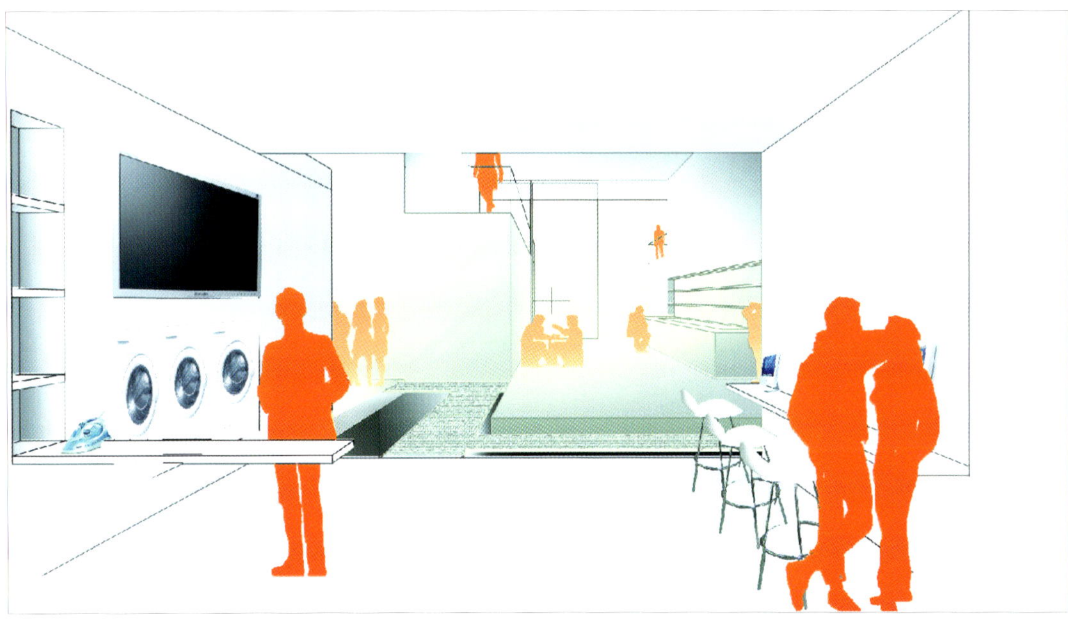

Kommunikationsbereich Hauswirtschaft und Internet Communication area, housekeeping and Internet

Urban Recycling

Jochen Schütz . Daniel Seuffert
Fachhochschule Wiesbaden
Prof. Ernst-Ulrich Scheffler

Das Bürohaus in der Ulmenstraße in Frankfurt wird für eine Mischnutzung umgeplant. Die regelmäßige Struktur des Gebäudes wird aufgebrochen und aus unterschiedlich großen Elementen – wie aus Bauklötzen – neu zusammengesetzt. Die einzelnen Einheiten beherbergen mehrheitlich Wohnungen, es bleibt jedoch auch ein kleiner Teil der Büronutzung erhalten. Im Erdgeschoss befinden sich ein Bistro, eine Kindertagesstätte und der Empfangsbereich, die hinter die äußerste Stützenreihe zurückgesetzt und verglast bleiben.

Die Einheiten der oberen Geschosse sind Maisonettes mit mindestens einem doppelt hohen Raum. Ihre gedrehten und gestapelten L-förmigen Körper sind deutlich in der neuen Fassade abzulesen. Sie treten durch unterschiedlich weite Auskragungen und einen kräftigen Farbanstrich aus der Fassade hervor und lassen den dahinter befindlichen Altbau vollständig verschwinden. Durch die unregelmäßige Neueinteilung entstehen verschiedenste Wohnungsgrößen. Die Nähe von Wohnungen und Büroflächen ist attraktiv für flexible Berufstätige, es sollen jedoch auch Alten- und Behindertenwohnungen angeboten werden. Einige Bereiche im Inneren des Gebäudes sind als Übergänge zwischen Büro- und Wohnnutzung gedacht sowie als Gemeinschaftsflächen zum Austausch zwischen den Bewohnern. Um den Aufzugskern herum führt ein Flur, von dem alle Wohn- und Büroeinheiten der jeweiligen Etage erreicht werden können. Der Entwurf bezieht die Gestaltung der umliegenden Freiflächen als öffentlichen Schmuckplatz mit ein. Baumbepflanzung, Sitzmöglichkeiten, Rasen- und Wasserfläche sorgen für eine gestaltete Einbindung der Tiefgarageneinfahrt. Auf dem Dach soll eine Terrasse mit Gartenanlage entstehen, die allen Bewohnern des Hauses zur Verfügung steht.

The office building on Frankfurt's Ulmenstraße is reconceived for mixed utilization. The building's regular structure is broken up and reassembled from elements of different sizes – like a set of building bricks. Most of the individual units contain apartments, but a small proportion is retained for use as offices. On the ground floor there is a bistro, a child-care center, and the reception area, which all remain glazed and set back behind the outer row of supports.

The units on the upper floors are maisonettes with at least one room of double height. Their rotated and stacked L-shaped volumes can be discerned clearly on the new facade. Differing widths of overhang and a strong colored rendering make them stand out from the facade, so that the old building disappears completely behind them. The new, irregular division leads to the creation of apartments in a wide range of sizes. The proximity of apartments and office areas is attractive for flexible professionals, but the intention is to offer apartments suitable for the elderly and handicapped as well. Some areas inside the building are envisaged for transitional utilization as either apartments or offices, and there are also collective areas for interchange between residents. Around the central life shaft there is a corridor from which all the residential and office units on the corresponding floor are accessed. The concept includes the design of the surrounding open space as a decorative public area. Planting of trees, seating, and areas of lawn and water ensure that the entrance to the underground garage is also incorporated into the design. A terrace with landscaped garden area is created on the roof and made available to all residentsof the house.

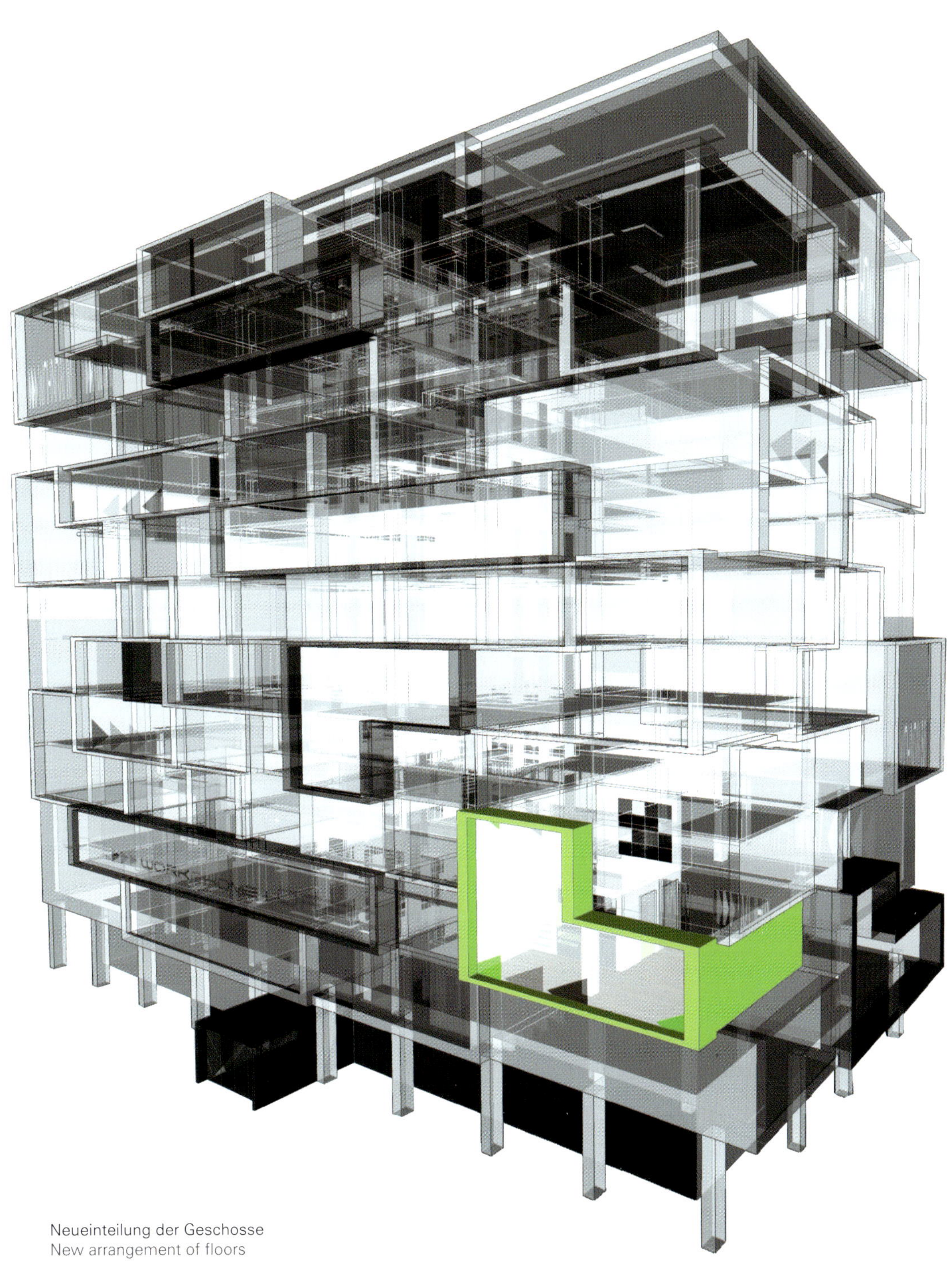

Neueinteilung der Geschosse
New arrangement of floors

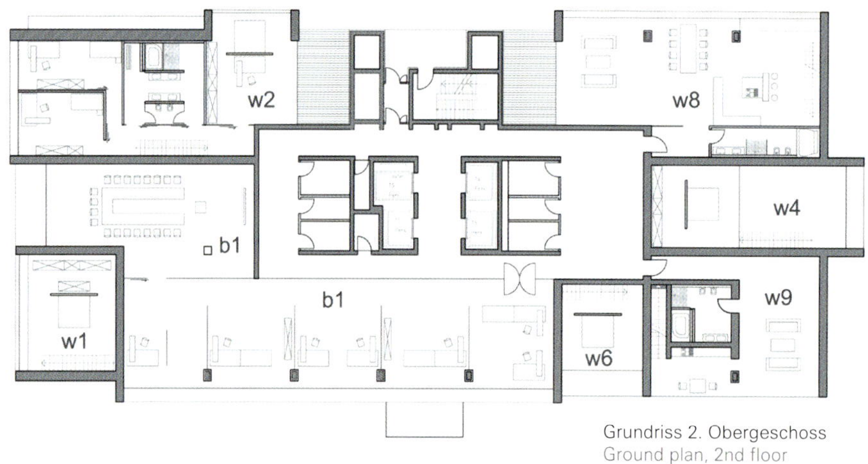

Grundriss 2. Obergeschoss
Ground plan, 2nd floor

Verschachtelte Maisonettewohnungen
Interlaced maisonette apartments

Maisonette 1 Wohnbereich Maisonette 1, living area

Maisonette 2 Essbereich Maisonette 2, dining area

My Life
Our Life

Grete Terho
Helsinki University of Technology
Ass. Anne Tervo

Dieser Beitrag projiziert eine radikale Vision auf den Bau in der Hamburger Binderstraße. Anstatt feste Wohneinheiten zu bilden, werden zunächst gleichmäßig Versorgungskerne verteilt. Durch ihre lange schmale Form definieren sie einzelne Bereiche, die zueinander relativ offen gestaltet sind. Im Erdgeschoss ist der Grundriss so frei wie möglich, was vielfältige Nutzungen erlaubt. Ein im leichten Zickzack geführter Gang erschließt die Wohngeschosse.

Die variierenden Tiefen und Breiten der Bereiche zwischen den Versorgungskernen schafften viele verschiedene Raumtypen. Sie lassen eine Reihe von Nutzungen zu, vom Gästezimmer bis zur halböffentlichen Versammlungsstätte. In jeder Etage sind all diese Räume direkt an den Hauptverbindungsgang angeschlossen, das Wohnen wird hier zum Experiment. Der Entwurf benutzt als Herleitung eine Analogie zu einem bestimmten Bild von Stadt: Es wird angenommen, dass die eigene Wohnung ein persönlicher Fixpunkt ist und der Großteil der Stadt eine Art freie Kommunikations- und Bewegungsfläche bildet. Im Wettbewerbsbeitrag „My Life Our Life" stellen die Versorgungskerne diese Fixpunkte dar, mit Nasszelle, Küche und Stauraum. Alle anderen Räume sollen offen, flexibel und gemeinschaftlich zu nutzen sein. Potenzielle Bewohner sind Menschen, die Kontakt und Konfrontation mit anderen Bewohnern schätzen. Kultureller Austausch und Intensität des verdichteten Stadtlebens werden hier ins Extrem gesteigert. Die Fassaden und Geschossdecken werden durch den Eingriff nicht berührt. Im Kontrast dazu wirkt der gesamte Innenraum durch seine unorthodoxe Einteilung und polygonale Linienführung futuristisch und edel.

This entry projects a radical vision onto the building on Hamburg's Binderstraße. Instead of creating fixed housing units, supply tracts are first distributed regularly throughout the building. Their long, narrow form lends definition to the separate areas, which are conceived as a relatively open constellation. The layout of the ground floor is as open as possible, enabling a wide range of uses. Residential floors are accessed via a corridor built in a slight zigzag. The varying depths and widths of the areas between the supply tracts create a large number of different types of room. These are suitable for diverse use ranging from guestroom to semi-public meeting place. On every floor, all these rooms are adjoined to the main connecting corridor; living becomes an experiment. The design is derived from an analogy with a specific image of the city. It is assumed that one's own apartment is a personal fix-point and that the biggest part of the city represents an area of free communication and movement. In the competition entry "My Life Our Life," the fix-points are represented by the supply tracts with their sanitation facilities, kitchen, and storage space. All the other rooms are intended for open, and collective use. Potential residents are people who enjoy contact and confrontation with other residents. Here, cultural exchange and the intensity of concentrated city life are heightened to an extreme. The facades and ceilings are not affected by the intervention. In contrast, the whole of the interior conveys a futuristic and refined impression due to its unorthodox division and polygonal lines.

Wohnraum mit verschiebbaren Wänden
Living area with movable walls

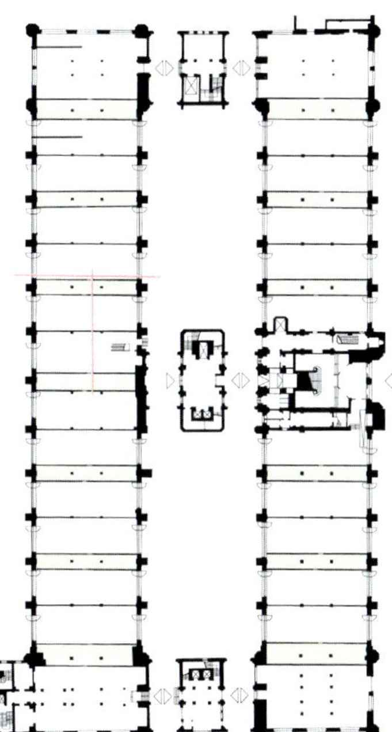

Grundriss Erdgeschoss
Ground plan of ground floor

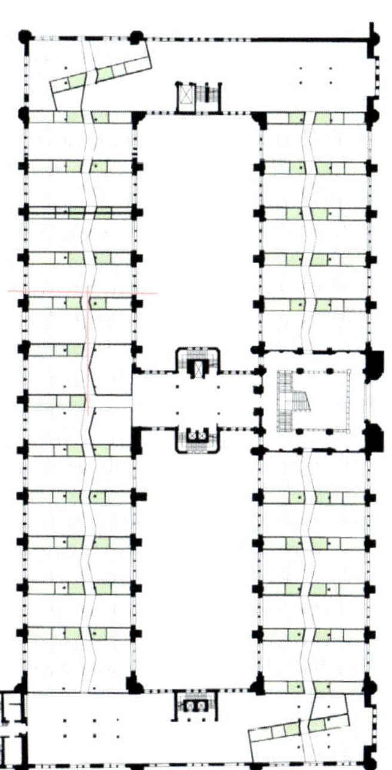

Grundriss Wohngeschoss
Ground plan of residential floor

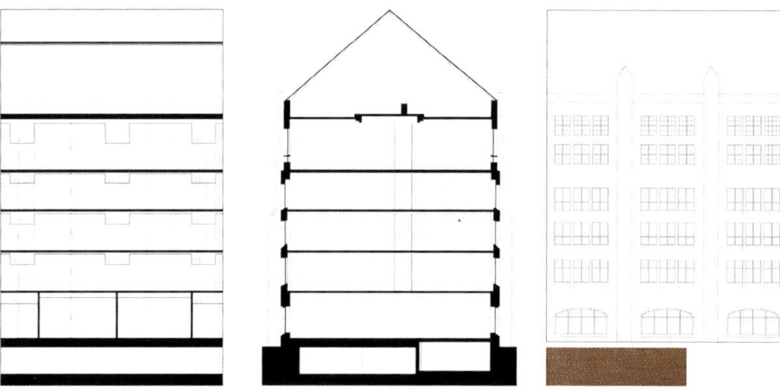

Schnitte und Fassade
Sections and façade

Wandpaneele und Servicebereich
Wall panels and service area

Gestaffelte Raumaufteilung durch verschiebliche Wandpaneele
Graduated division of space using sliding wall panels

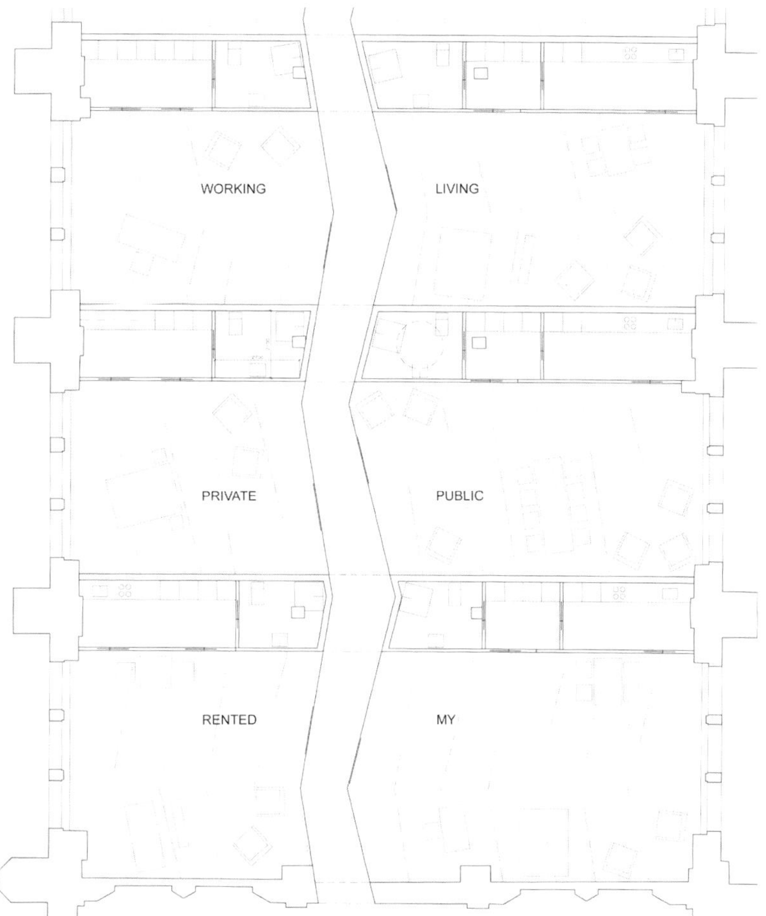

Grundrissausschnitt mit Möblierung
Section of ground plan with furniture

Gefalteter Mittelgang in den Wohngeschossen
Bending central corridor on the residential floors

Hängende Gärten

Sophia Dehlinger . Vanessa Mader
Staatliche Akademie der Bildenden Künste Stuttgart
Prof. Nicolas Fritz

Für die Hochhausscheibe und die Sockelbebauung des Bürokomplexes in der Düsseldorfer Sohnstraße planen die Autoren dieses Projekts eine durchgrünte Wohnanlage. Ausgangspunkt dafür ist die Lage des Standorts, der einerseits in einer von vielen Freiflächen geprägten Umgebung liegt, andererseits nur zehn Minuten vom Stadtzentrum entfernt ist.

Der Gebäudebestand wird in seiner Gesamtform erhalten, jedoch für bepflanzbare Außenräume auf den Etagen gezielt perforiert. Im Hochhaus werden sechs mehrgeschossige Wohnungstypen – von 65 Quadratmetern in zwei Zimmern bis zu einem Maximalangebot von 250 Quadratmetern in elf Zimmern – vorgeschlagen. Die Einheiten nehmen den Charakter von übereinander gesetzten Einzelhäusern an, entsprechend sind ihnen auch jeweils private Grünflächen zugeordnet. Die Erschließung wird über breite Laubengänge hergestellt, nur im Bereich zwischen den Versorgungskernen sind innen liegende Gänge vorgesehen.

Die Umnutzung des Sockelbereichs orientiert sich an den Verschattungsverhältnissen und sieht dort, wo diese einer Wohnnutzung entgegenstehen, gewerbliche Nutzungen wie Gastronomie, Büros oder Ateliers sowie öffentliche Einrichtungen wie ein Schwimmbad und eine Kindertagesstätte vor. Die übrigen Bereiche des Sockelbaus werden mit zwei Typen von wiederum mehrgeschossigen Wohnungen beplant. Je nach Lage im Baukörper werden sowohl introvertierte als auch kommunikative und offene Wohneinheiten angeboten, in denen einläufige Treppen den Nutzern einen direkten Übergang zum öffentlichen, als Park gestalteten Außenbereich bieten.

Die gesamte Anlage soll Menschen ansprechen, die zum Einfamilienhaus im Grünen tendieren, aber einen möglichst zentrumsnahen Standort attraktiver finden als die Siedlungsgebiete vor der Stadt. Der Wettbewerbsbeitrag wurde von der Jury mit einem der vierten Preise ausgezeichnet.

The authors of this project plan a housing complex permeated by green areas for the high-rise block and low base buildings of the office complex in Düsseldorf's Sohnstrasse. The starting point is the location, which is in surroundings characterized by many open spaces on the one hand, but nonetheless only ten minutes away from the city center. The overall form of the existing building is retained, but perforated to create external areas that can be planted on the various floors. In the high-rise, six apartment types over more than one floor are suggested, ranging from 65 square meters in two rooms to a maximum size of 250 square meters in eleven rooms. This means that the units adopt the character of individual houses set one above the other; corresponding private green areas are allocated to each as well. Access is created via wide balconies; interior corridors are only planned in the area between the supply tracts. The reuse of the building's base section is oriented on the shaded conditions – where these preclude use as housing, there are plans for commercial utilization such as restaurants, offices or studios, as well as public facilities like a swimming pool and children's day-care center. The remaining areas of the base building will be developed into two types of apartment over more than one floor. According to their position within the building volume, both introverted and communicative, open housing units will be offered. Here, single-run staircases offer the users direct access to the public, outside area that is designed as a park. The whole complex seeks to address those people who tend to move into detached houses in green areas, but consider a location as close to the city center as possible more attractive than housing estates on the urban periphery. The jury awarded this competition entry one of the fourth prizes.

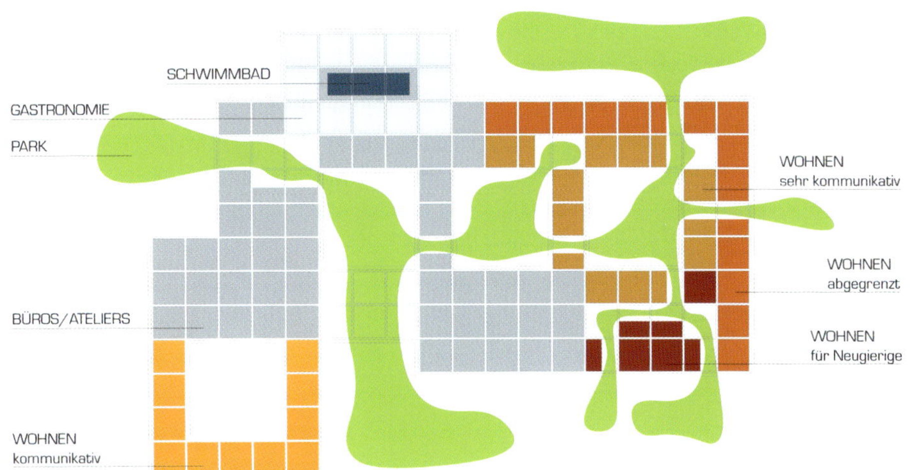

Nutzungsschema im Gebäudesockel   Scheme of use in base of building

Transformation der Fassaden   Transformation of the façades

Ansicht von Südwesten   View from the southwest

Lageplan mit Sockelgeschoss   Site plan with basement floor

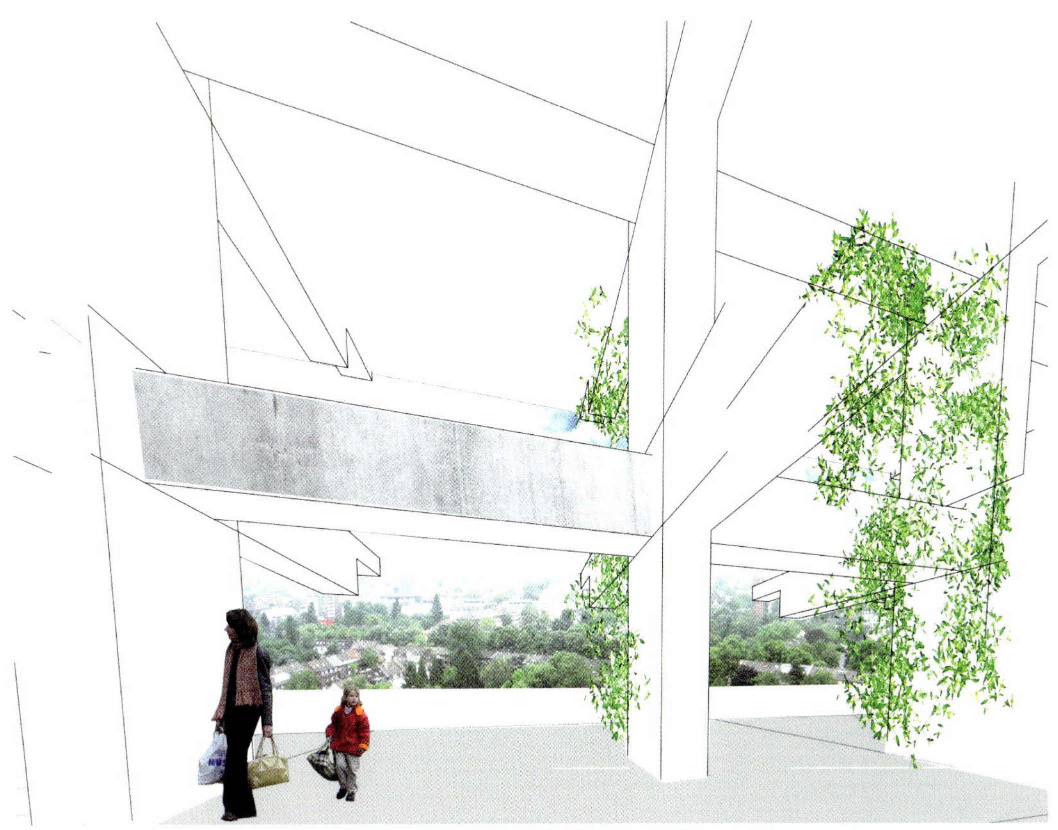

Einschnitte in das Gebäude   Cuts through the building

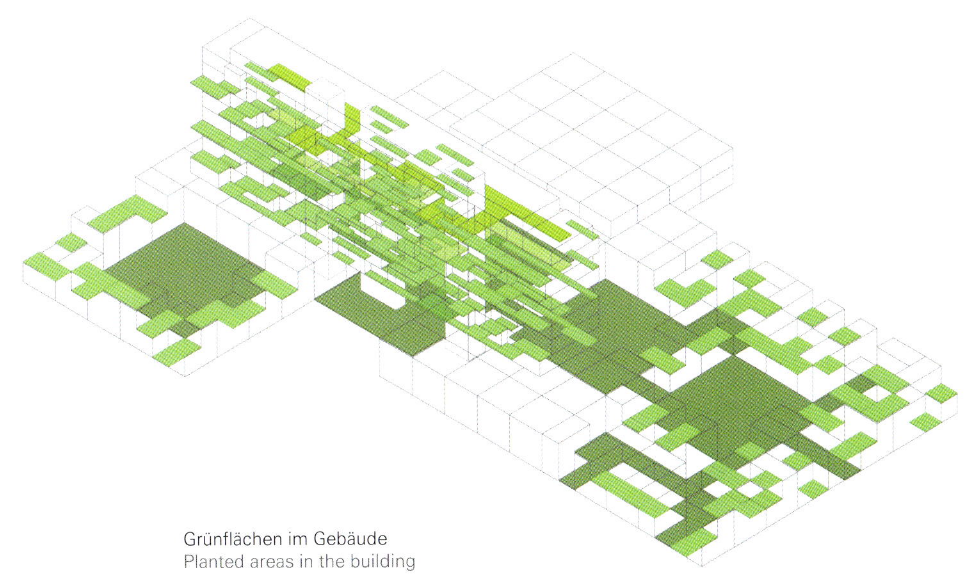

Grünflächen im Gebäude
Planted areas in the building

Pneumatics

Katharina Koppe . Madeleine Groß
Fachhochschule Mainz
Prof. Antje Krauter

Pneumatics, mit einem der vierten Preise im Wettbewerb ausgezeichnet, stellt ein universelles Konversionsprinzip vor, das mit leichten Veränderungen überall zur Anwendung kommen könnte. Das Objekt Ulmenstraße in Frankfurt dient als Beispiel für ein technisch ambitioniertes Wohn- und Vermietungskonzept. Hier wird der Situation des knappen und teuren Wohnraums in der Innenstadt nicht nur dadurch begegnet, dass eine große Anzahl von Apartmentwohnungen geschaffen wird. Stattdessen nutzt „Pneumatics" temporäre Leerstände dazu, Räume für kurze Mietzeiten bereitzustellen.

Stadtbewohner, die ihre eigene Wohnung für Wochen oder Monate nicht benutzen, haben mit Mitwohnzentralen und Untermietverträgen heute schon eine gute Möglichkeit, doppelte Mietkosten zu vermeiden. Im Gegenzug bekommen auch weniger ortskundige Wohnungssuchende kurzfristig Raum vermietet. Leider bringt ein solch häufiger Wechsel jedoch nicht nur großen Organisations- und Ordnungsaufwand, sondern auch Eingriffe in die Privatsphäre mit sich. Hier schlägt der Entwurf „Pneumatics" eine ebenso radikale wie pragmatische Lösung vor. Im Falle der Untervermietung wird die eigene Wohnung durch eine ausfahrbare Kunststoffhülle ausgekleidet, die so einen neutralen, vermietbaren Raum herstellt. Diese „Pneumatic-Module" sind fest installiert, sie treten in komprimierter Form nur als eine unauffällige Box in Erscheinung. Der hierfür standardisierte Wohnungstyp ist eine der Aufgabe entsprechend gerade Röhre, an die schmale Funktionsräume seitlich angeschlossen sind. Auch ein zur Hälfte aufgefalteter Zustand ist möglich. Wenn der Hauptmieter Besuch bekommt, kann er ihm so ein eigenes Zimmer zur Verfügung stellen, ohne dass seine ganze Wohnung eingenommen wird. Die Module sind je nach Aktivierungszustand an der Fassade als farbige Objekte erkennbar. Das Erscheinungsbild des Hauses verändert sich mit der Art der Benutzung und mit der Mobilität seiner Bewohner.

Pneumatics, awarded one of the fourth prizes in the competition, presents a universal principle of conversion which – with slight alterations – could be applied everywhere. The property on Ulmenstraße in Frankfurt is an example of a technically ambitious housing and rental concept. Here, the shortage and relative expense of inner-city housing is not only countered by the creation of a large number of apartments. "Pneumatics" also uses temporary vacancies in order to provide additional space for short-term rentals.

Today, short-term letting agencies and subletting contracts already give city dwellers who do not use their own apartment for weeks or months a good opportunity to avoid paying double rent. In return, those who are less familiar with a place can rent space in the short term. Unfortunately, such frequent change not only means organizational effort and much rearranging, but also various encroachments into people's private sphere. In this context, the design "Pneumatics" suggests a solution that is both radical and pragmatic. When subletting, one's apartment is lined with a roll-out plastic casing so that a neutral space suitable for letting is created. These "pneumatic-modules" are fixed installations; in compressed form they only resemble an inconspicuous box. The type of standardized apartment used here is a correspondingly straight tube with narrow functional rooms attached at the sides. It is also possible to unfold only half of the module; if the main tenant has a visitor, he can provide a separate room for him in this way, without taking up the whole of the apartment. The modules can be discerned as colored objects on the façade, depending on the state of activation. As a result, the house's appearance changes with differing use and the mobility of its residents.

Ansicht mit Pneumatic-Modulen und eingeschnittenen Freiräumen
View showing pneumatic modules and open spaces cut into the building

Mit Pneumatic-Modulen
überzogene Räume
Rooms encased by
pneumatic modules

Grundriss Frankfurt-Ulmenstraße
Ground plan, Frankfurt-Ulmenstraße

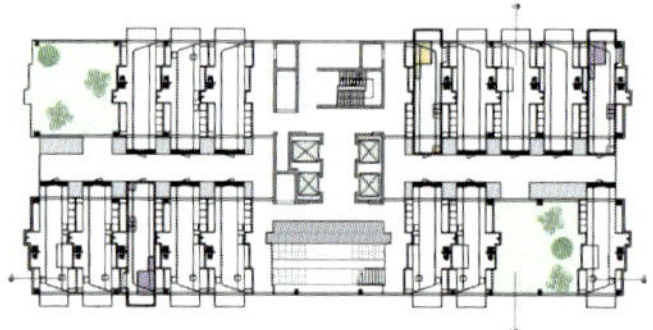

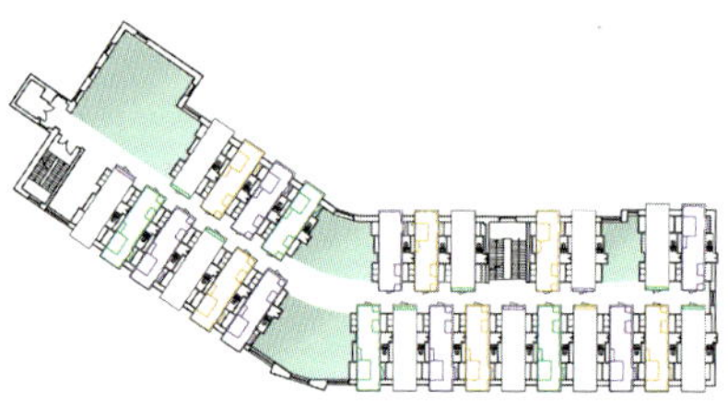

Mustergrundrisse
Frankfurt am Main, München,
Hamburg
Examples of ground plans
Frankfurt am Main, Munich,
Hamburg

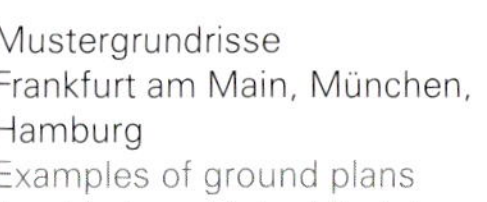

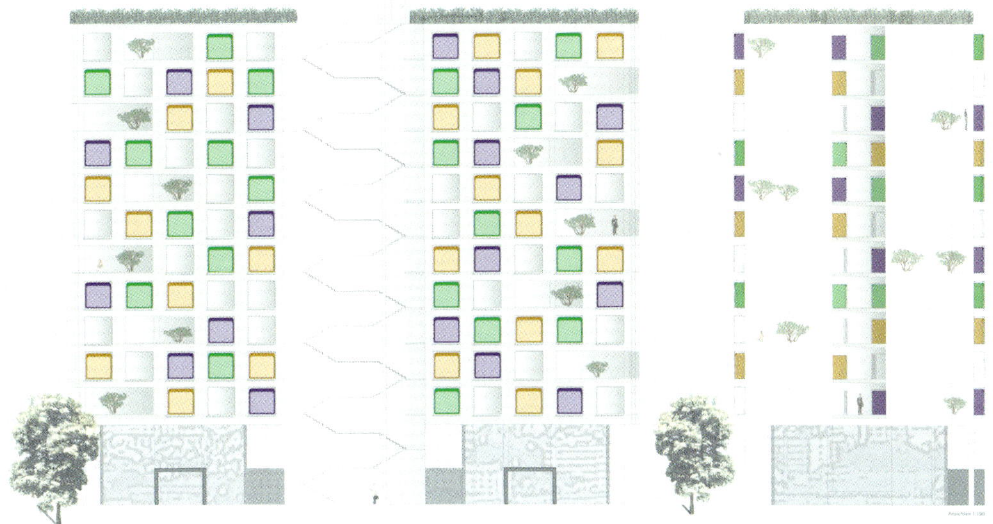

Fassaden mit Pneumatic-Modulen Façades with pneumatic modules

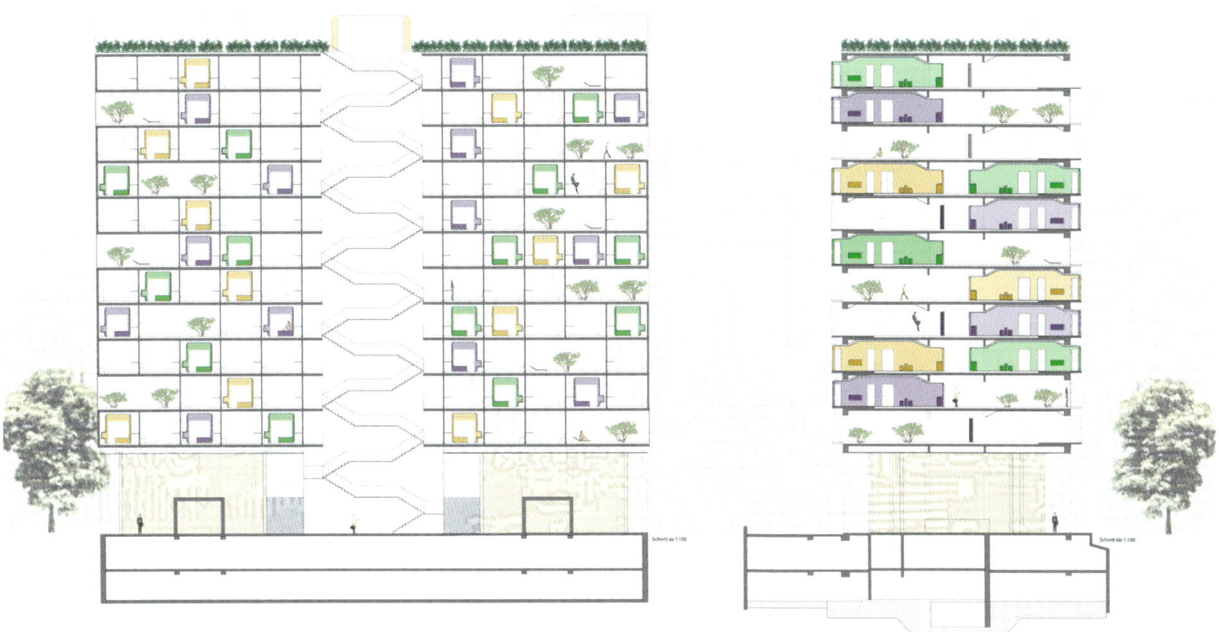

Schnitte mit Pneumatic-Modulen Sections with pneumatic modules

Wohnen unter einem Dach

Erik Schäfer
Hochschule Darmstadt
Prof. Marcin Orawiec

Im Bürogebäude in der Hamburger Binderstraße soll eine gehobene Wohnnutzung Platz finden. Hierzu werden umfassende Umbaumaßnahmen vorgeschlagen: Das Gebäude wird nicht nur bis auf die Außenmauern und das Traggerüst abgetragen, auch die Geometrie der Geschossplatten wird verändert. Neue Anbauten ergänzen den Bau hofseitig und vergrößern die Nutzfläche beträchtlich.

Aus der Kombination von Räumen im Altbau und in den neuen Anbauten ergeben sich diverse Möglichkeiten, neue Wohneinheiten zu organisieren. Integraler Bestandteil hierbei ist eine Serie von Lufträumen, die die gesamten Innenbereiche des Komplexes durchzieht. Sie sorgt sowohl auf Erschließungsflächen als auch in den Wohnräumen für Belichtung und Belüftung. Dank großer Oberlichtkonstruktionen fällt das Licht durch die hochgradig perforierte Baustruktur auch bis in die unteren Ebenen. Es entstehen viele indirekt mit der Außenwelt verbundene Innenräume, die den Bewohnern für eine private Nutzung zur Verfügung stehen oder als halböffentliche Fläche dienen. An anderen Stellen sind Gemeinschaftsflächen geplant, außerdem Einzelhandel, Fitnessräume und eine Kindertagesstätte. Die Stahlkonstruktion der Anbauten ist ausdifferenziert und bietet viele reizvolle räumliche Situationen. Im Inneren eines jeden Gebäudeflügels schlängelt sich ein Erschließungsgang um die Leerstellen der Lufträume und die gegeneinander verschobenen Kuben der Wohneinheiten. Der Verfasser hat zehn verschiedene Wohnungstypen in unterschiedlichsten Größen ausgearbeitet, die Grundflächen reichen von ca. 40 bis 166 Quadratmeter. Auf dem Dach entsteht eine Landschaft aus Gärten und Terrassen. Weitere Arbeits- und Stauräume befinden sich in den Querflügeln.

Space is to be created for use as high-quality apartments in the office building on Binderstraße in Hamburg. Comprehensive conversion measures are suggested with this in mind. The building is not only gutted, leaving only the outside walls and load-bearing structure; the geometry of the ceiling panels is also altered. New extensions are added to the building on the courtyard side and so considerably increase the available area.

The combination of areas in the old building and the new extensions leads to diverse possibilities for the organization of new housing units. An integral component in this context is a series of air vents that runs through the whole interior of the complex. They provide light and ventilation in both access and living areas. Thanks to the construction of large skylights, daylight permeates right through the structure, which is perforated to a large extent, down to the lowest levels. As a result, there are many interior spaces linked indirectly to the outside world, which are available to residents for their private use or can function as semi-public areas. In other places, there are plans for communal areas such as retail, fitness rooms, and a children's day-care center. The differentiated steel construction of the extensions provides many attractive spatial situations. Inside each wing of the building, an access corridor meanders around the voids of the air spaces and the staggered cubes of the housing units. The author has developed ten different apartment types of different sizes; the floor space ranges from ca. 40 to 166 square meters. A landscape of gardens and terraces will be created on the roof. Additional workrooms and storage spaces are located in the rear wings.

Luftaufnahme
Hamburg-Rotherbaum
Aerial photo
Hamburg-Rotherbaum

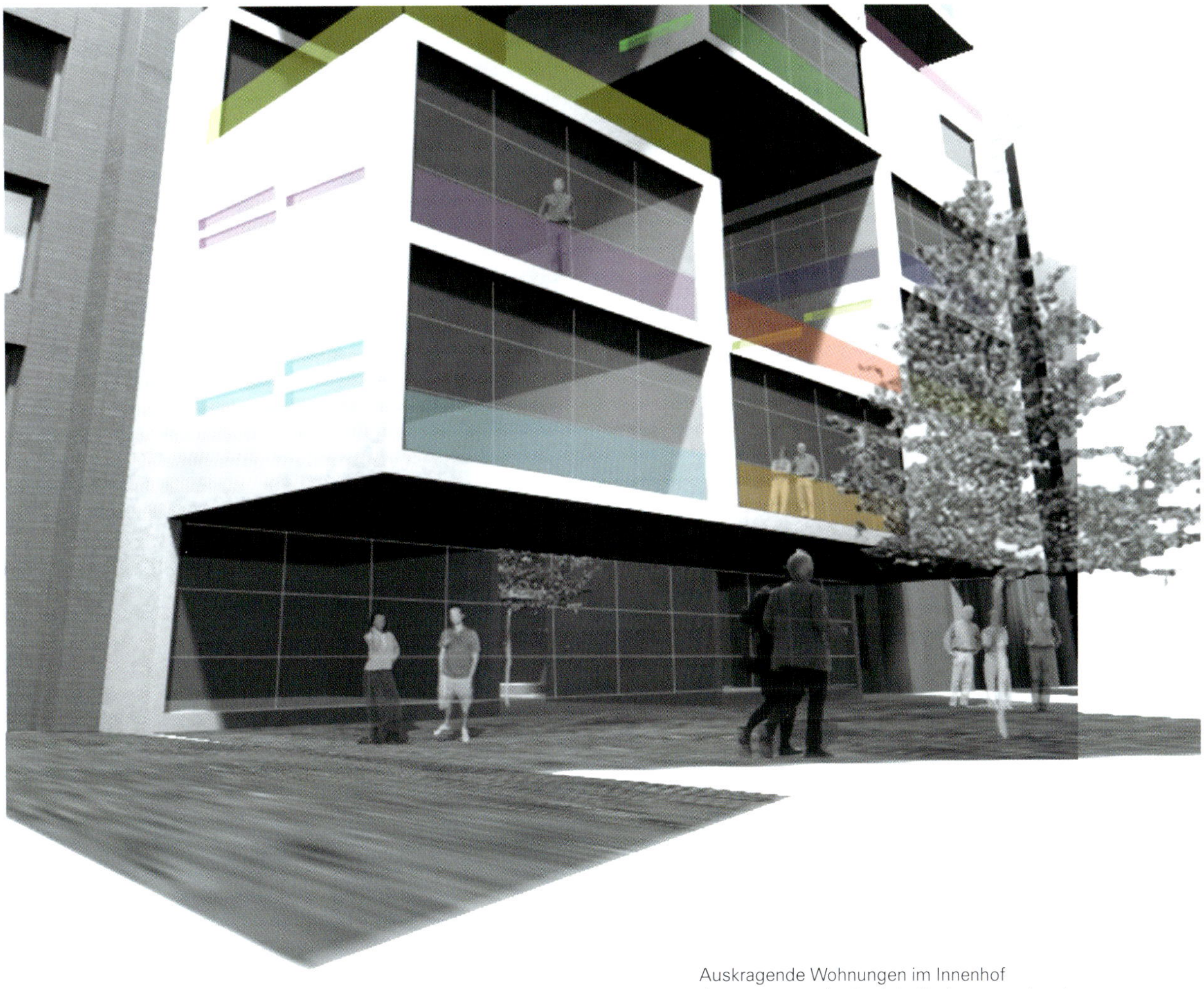

Auskragende Wohnungen im Innenhof
Apartments projecting into the inner courtyard

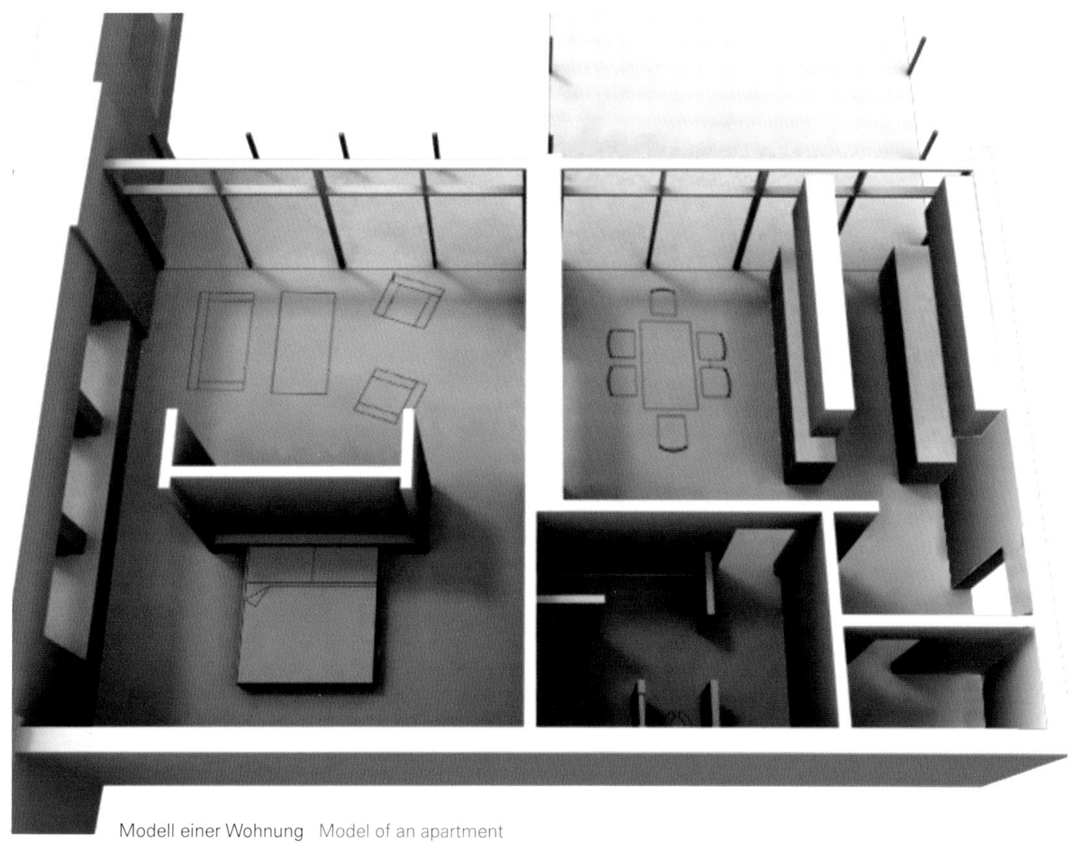

Modell einer Wohnung Model of an apartment

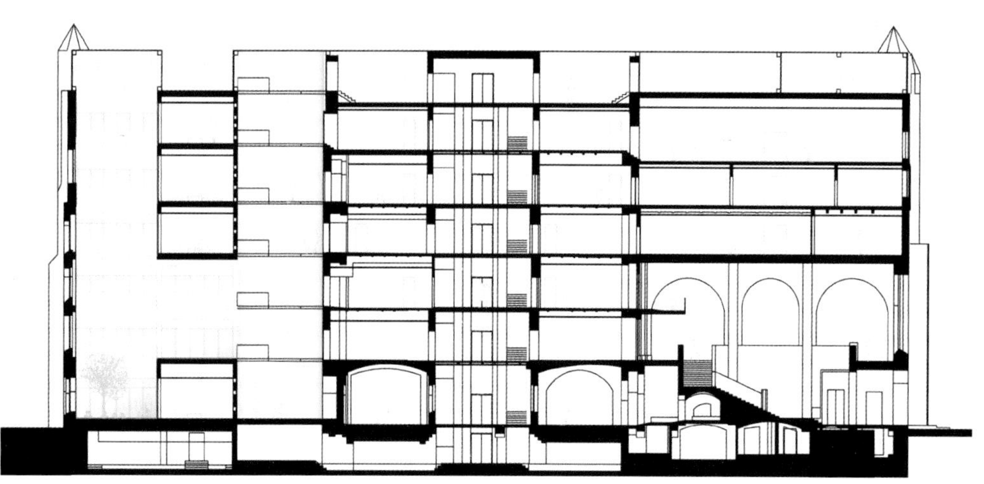

Schnitt mit Eingangshalle Section showing entrance area

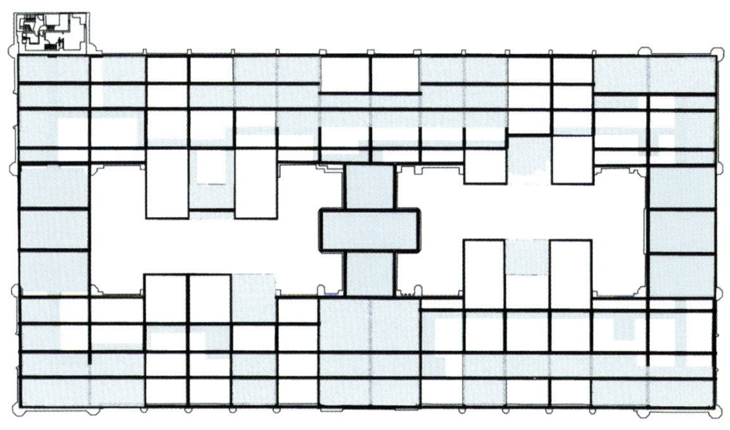

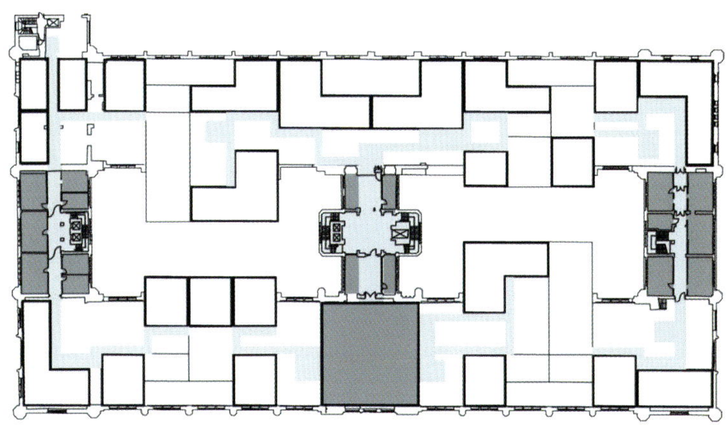

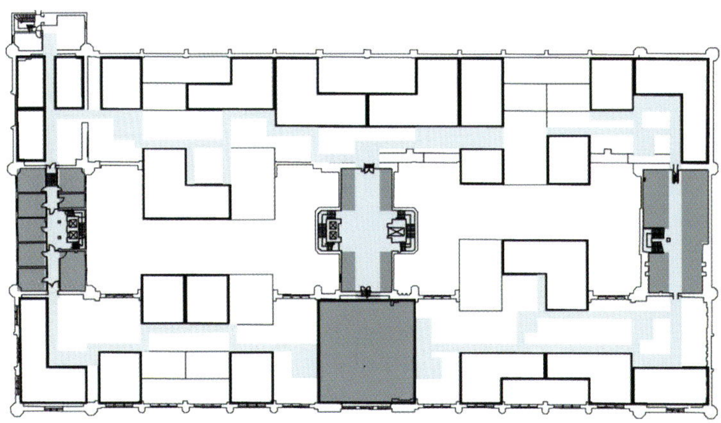

Grundrisse Wohngeschosse und Dachgeschoss
Ground plans, residential floors and attic floor

Canyon Connection

Jan Becker
Fachhochschule Frankfurt am Main
Prof. Nikolaus Kränzle
Prof. Thomas Zimmermann

Eine Entkernung im wörtlichen Sinne unternimmt dieser Entwurf am Standort Ulmenstraße in Frankfurt. Das Bürohochhaus wird der Länge nach in zwei sehr schmale Scheiben geteilt. In dem überdachten „Canyon", der so zwischen den beiden Hausteilen entsteht, sorgen schmale einläufige Treppen und neue Aufzüge für die vertikale Erschließung. Im Haus sind hauptsächlich zweigeschossige Duplexwohnungen geplant; so findet sich nicht auf jeder Etage ein Zugang. In jedem zweiten Geschoss führen Gänge wie Galerien zu den Wohneinheiten und verbinden diese mit den Schmalseiten des Baus. Hier befinden sich neue Fluchttreppenhäuser, die den Schlitz im Inneren des Hauses nach außen abschließen.

Abgesehen von diesen massiven baulichen Eingriffen werden auch die zu erhaltenden Gebäudeteile umstrukturiert. Der Entwurf implantiert ein räumliches Band in die Skelettstruktur des Altbaus, das neben der Zonierung auch zur Fassadengestaltung dient. Es erzeugt eine unregelmäßige Struktur, in die die – größtenteils L-förmigen – Wohnungsmodule entlang der Längsseiten eingebettet sind. Alle Wohnungen sind einseitig ausgerichtet und öffnen sich zu jeweils einer Himmelsrichtung, Bäder liegen im Wohnungsinneren, Schlafzimmer besitzen in den meisten Wohnungen Fenster zum „Canyon". Im Erdgeschoss sind Gewerbe oder Gastronomie als Nutzung vorgesehen, im vierten Obergeschoss ragt ein großzügiger Fitnessraum als gläserner Kubus aus dem Gebäude heraus. Der Ausbau des obersten Stockwerks mit großen verglasten Quadern lässt eine Vielzahl von Nutzungen denkbar erscheinen.

This design literally guts the location on Ulmenstraße in Frankfurt. The office high-rise is divided lengthways to create two very narrow 'slices.' Narrow, single-run staircases and new lifts provide vertical access in the covered "Canyon" that evolves between the two parts of the building in this way. Mainly two-story duplex apartments are planned in the building; this means that there cannot be an entrance on every floor. On every second floor, corridors like galleries lead to the housing units, linking them to the narrow sides of the building. Here, there are new emergency stairwells forming the outer termination of the 'canyon' inside the building. Apart from these massive interventions in the construction, the parts of the building to be retained are restructured as well. The concept implants a structural band into the skeleton of the old building, which not only functions as a zoning factor but also as an element of facade design. It creates an irregular structure into which the – mainly L-shaped – apartment modules are embedded along the long sides. All the apartments are oriented towards one side and each opens out in one direction; bathrooms are located at the center of the apartment, and in most apartments the bedroom window faces onto the "Canyon." The ground floor is earmarked for a restaurant or other commercial use, and an extensive fitness room – a glazed cube – projects from the building on the fourth floor. The development of the top floor with large, glazed blocks provides for a wide range of conceivable uses.

Vertikale Verbindung „The Canyon"   Vertical connecting area "The Canyon"

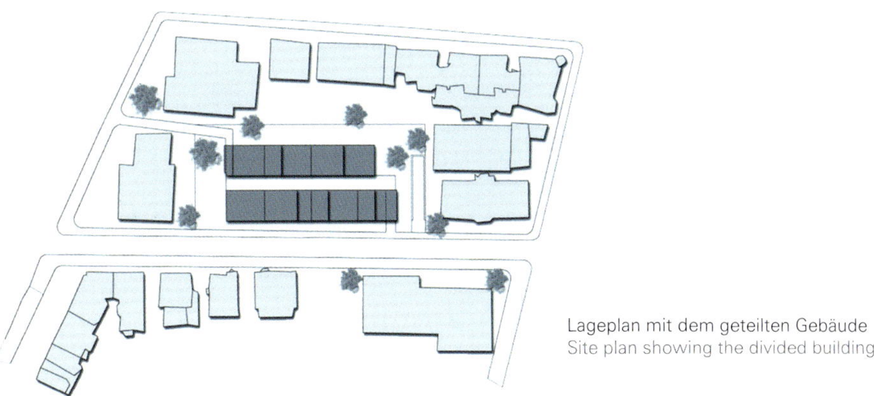

Lageplan mit dem geteilten Gebäude
Site plan showing the divided building

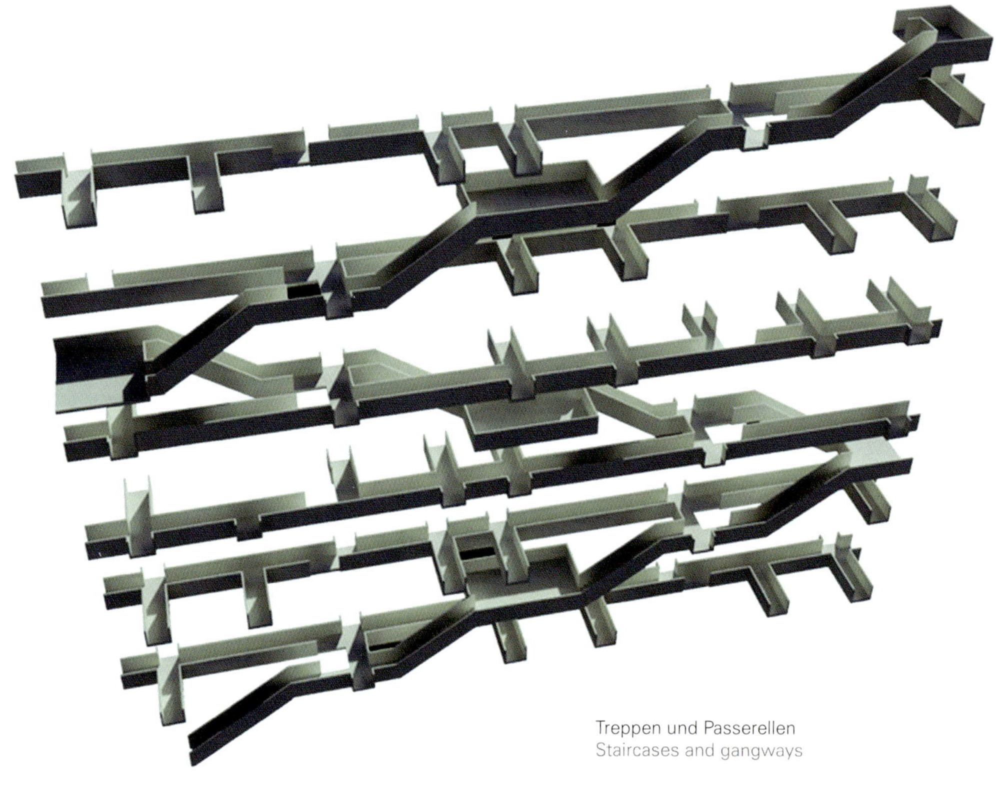

Treppen und Passerellen
Staircases and gangways

Ansicht des Gebäudes
View of the building

Fassadenstruktur
Façade structure

Erschließungssystem „Canyon"
Access system "Canyon"

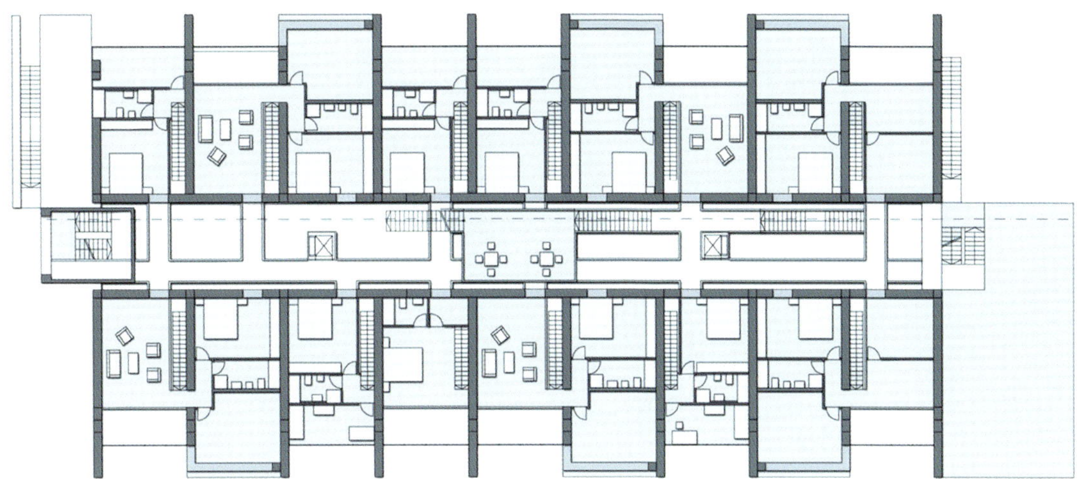

Grundriss 1. Obergeschoss   Ground plan, first floor

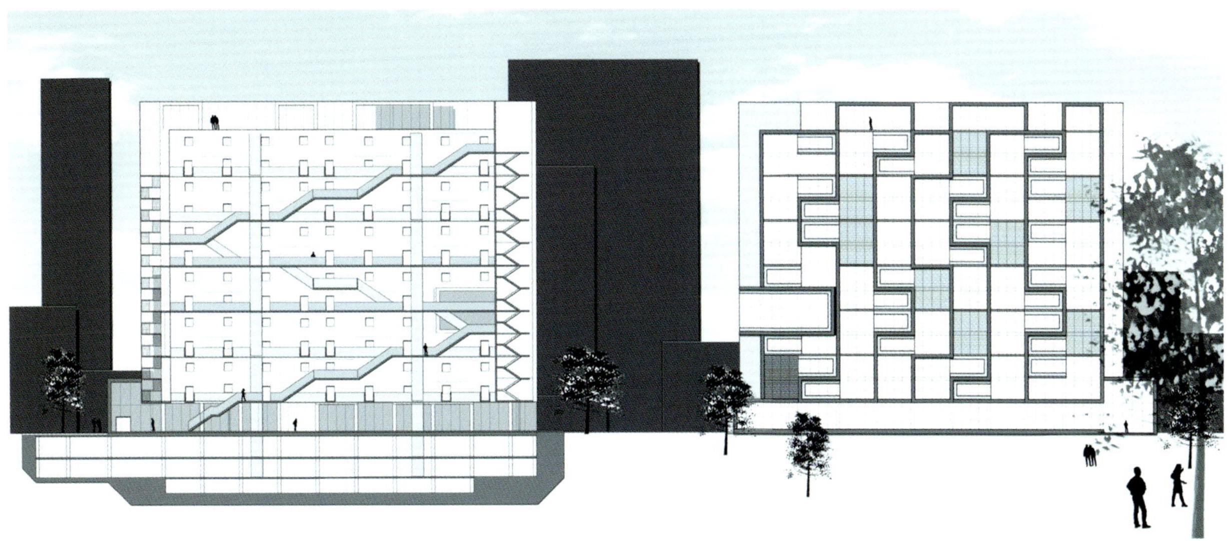

Schnitt und Fassade   Section and façade

Ulmenstraße Frankfurt

Leyla Dal . Christine Fleckenstein
Fachhochschule Frankfurt am Main
Prof. Nikolaus Kränzle
Prof. Thomas Zimmermann

Um eine möglichst große Vielfalt räumlich differenzierter Situationen zu ermöglichen, entwickelten die beiden Verfasserinnen dieses Beitrags ein grundsätzlich neues Erschließungssystem für den Standort an der Frankfurter Ulmenstraße. Lange, schmale Wohnungsmodule werden in Dreierpaketen entweder senkrecht oder parallel zur Gebäuderichtung angeordnet: pro Stockwerk jeweils dreimal längs, dreimal quer. Das Problem einer solchen Anordnung besteht darin, dass nebeneinander liegende Wohnungen schwer vom zentralen Aufzug zu erreichen sind, wenn sie – wie hier – durch die gesamte Gebäudetiefe durchgesteckt sind. Es lässt sich nur lösen, indem ein bestimmter Anteil der Wohnungen zweigeschossig ausgeführt wird. Im Gegensatz zu dem Vorbild dieser Variante, der Unité d'Habitation von Le Corbusier, sind hier nicht jeweils zwei sich ergänzende Maisonettes zu einer dreistöckigen Lösung kombiniert, stattdessen kommt ein abgewandeltes Prinzip zur Anwendung. Zusammen mit je einer Einliegerwohnung füllt eine Duplexeinheit hier zwei ganze Geschosse pro Gebäudeachse aus.

In den Etagenmitten entstehen in jedem Stockwerk relativ große Zirkulationsflächen, von denen die Wohnungen entweder direkt oder über einen schmalen Erschließungsgang zu erreichen sind. Ebenerdig sind Gastronomie und Einzelhandel vorgesehen, im ersten und zweiten OG eine Büronutzung. Ein Wellnessbereich nimmt das gesamte Dachgeschoss ein. Für die Ausgestaltung der Wohnungen sind industrielle Materialien vorgesehen. Die Klarheit des Konzeptes und die Einfachheit in der Behandlung von Raum sowie die Originalität im Umgang mit Wohnbautypologien sind bemerkenswert. Dieser Entwurf wurde nicht zuletzt deswegen von der Jury mit einem der vierten Preise ausgezeichnet.

In order to facilitate the greatest possible variety of spatial situations, the authors of this entry have developed a fundamentally new system of access to the location on Frankfurt's Ulmenstraße. Long, narrow apartment modules are arranged in packages of three, either at a right angle or parallel to the direction of the building: there are three of these longwise and three crossways per floor. The problem with such an arrangement is that adjoining apartments are difficult to reach from the central lift if – as here – they take up the full depth of the building. It can be solved only by realizing a certain proportion of the apartments over two floors. By contrast to the role model for this variation, Le Corbusier's Unité d'Habitation, here two complementary maisonettes are not combined into a three-story solution; a slightly altered principle is employed instead. Together with a granny-unit, in each case one duplex fills two full floors per building axis. In the middle of each floor, a relatively large circulation area emerges, from which the apartments can be accessed either directly or via a narrow corridor. Restaurant and retail areas are planned on the ground floor, the first and second floors are retained for office use. A wellness area takes up the whole of the attic floor. Industrial materials are envisioned for the apartments' fittings and furnishings. The concept is remarkable for its clarity and simple handling of space, as well as its originality in dealing with residential build-ing typologies. Not least because of this, the jury awarded the design one of the fourth prizes.

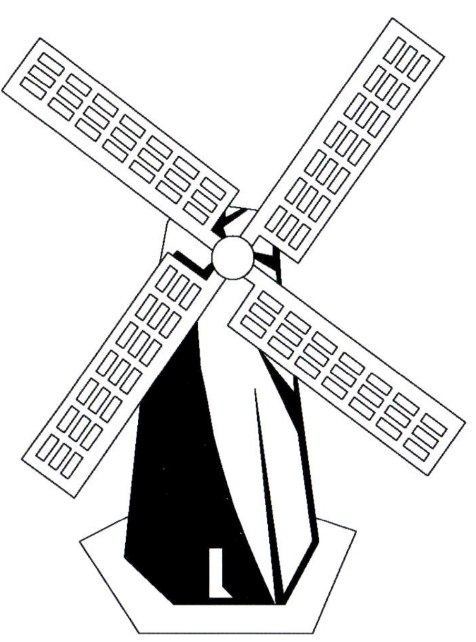

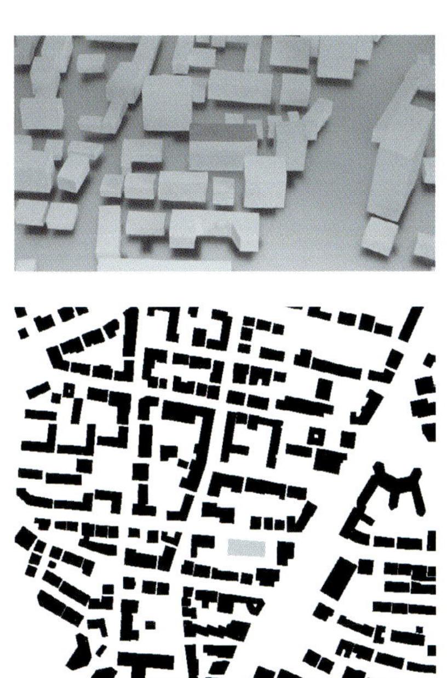

Lageplan Site plan

Materialstudien Studies of material

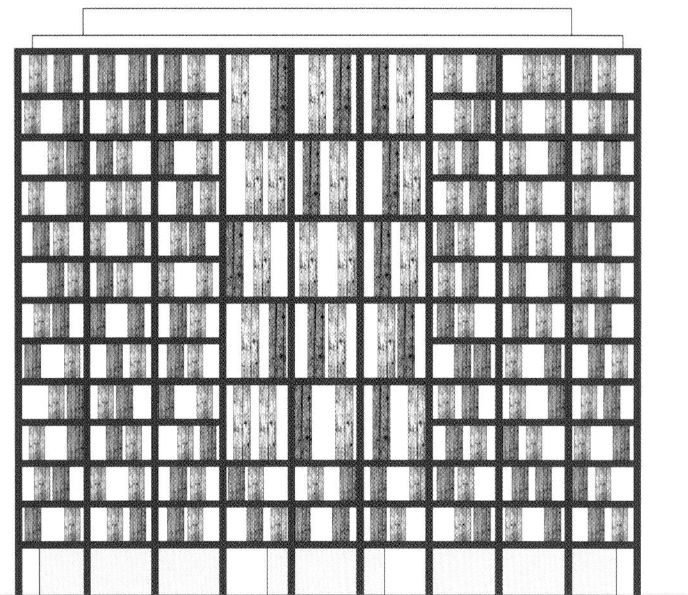

Fassade Westen
West façade

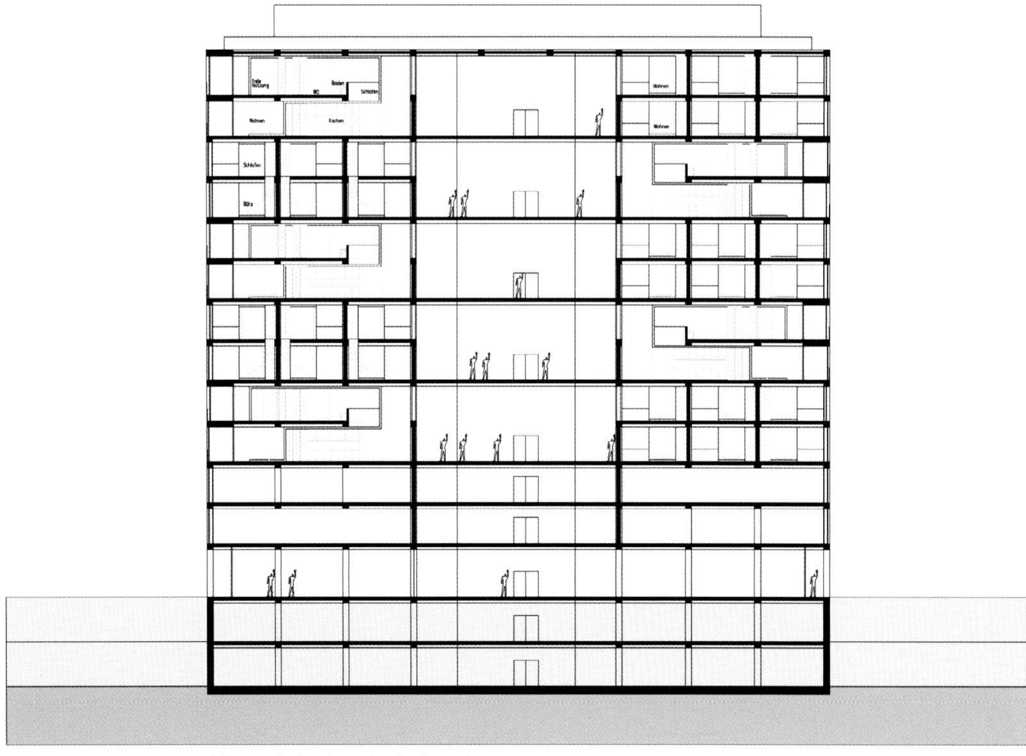

Längsschnitt   Longitudinal section

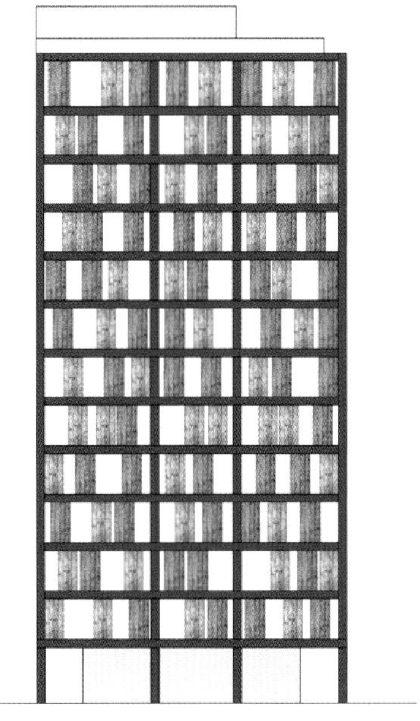

Fassade Norden
North façade

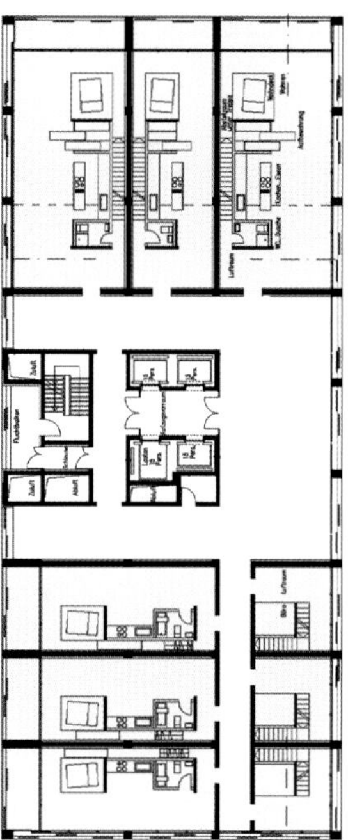

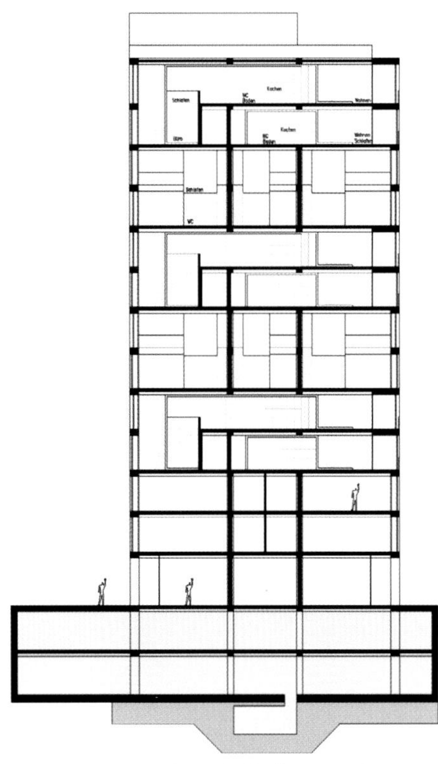

Querschnitt Cross section

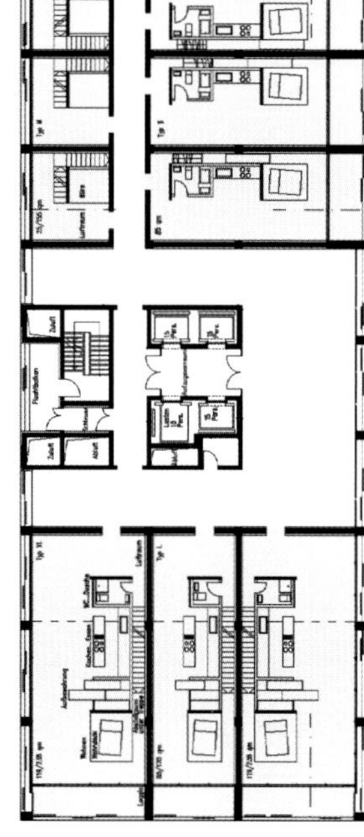

Grundrisse
Ground plans

Urban Farm

Thomas Hoss . Jan Monica
Hafen-City-Universität Hamburg
Prof. Florian Fink

Am Bürogebäude in der Düsseldorfer Sohnstraße wird ein Szenario illustriert, das sich in der nahen Zukunft ereignen könnte. Ausgehend davon, dass auf Klimawandel und Ende der Erdölvorräte tiefe gesellschaftliche Veränderungen folgen könnten, organisiert dieser Entwurf städtisches Leben in einer renaturierten Zivilisation jenseits marktwirtschaftlicher Verhältnisse.

In dem ganzheitlichen Konzept wird der Komplex zu einer innerstädtischen Farm, ihre Bewohner werden zu einer autarken Gemeinschaft von Selbstversorgern. Dank selbst angebauter Agrarerzeugnisse lassen sich die durch Ölmangel explosionsartig angestiegenen Transportkosten von Lebensmitteln kompensieren. Zudem steigen – so die Verfasser – Durchschnittstemperatur und Sonnenscheindauer bis zum Jahr 2050 so weit an, dass landwirtschaftliche Eigenversorgung zu einer ertragreichen Beschäftigung werden könnte. Der Anonymität der Bewohner soll durch den Betrieb einer landwirtschaftlichen Produktionsgenossenschaft Einhalt geboten werden. Jedes Mitglied der Bewohnergemeinschaft arbeitet in Berufen, die mehr oder weniger direkt dem Erhalt der „Urban Farm" dienen. Ein weiterer möglicher Tätigkeitsbereich ist der Betrieb der internen Gewerbe wie Hofhotel oder Biomarkt. Solange sie einen gewissen Teil ihrer Arbeitskraft in die hauseigene Landwirtschaft investieren, können Bewohner zeitweise auch herkömmlichen Berufen nachgehen, die aber nicht mehr als ein Drittel der Arbeitszeit beanspruchen sollten.

Direkt um das Gebäude herum entstehen Felder intensiver Agrarnutzung. Dächer und Höfe werden ebenfalls für den Anbau von Nutzpflanzen ausgerüstet. So soll naturnahes und nachhaltiges Leben auch in der Stadt möglich sein. Rampen, Treppen und Durchbrüche erhöhen die dreidimensionale Durchwegung des gesamten Komplexes. Eine reiche Flora und Fauna könnte in diesem Bioreservat beheimatet sein.

Using the office building on Düsseldorf's Sohnstraße as an example, this concept illustrates a scenario that could happen in the near future. Starting out from the idea that society could be transformed in a far-reaching way by climatic change and the exhaustion of natural oil supplies, the design organizes urban life in a renatured civilization beyond the conditions of a market economy.

The integrated concept turns the complex into an inner-city farm, and its residents become an autarkic community of self-sufficient people. Hand-grown agrarian products make it possible to compensate for food transport costs, which have risen explosively due to a shortage of oil. In addition – according to the authors – by the year 2050 the average temperature and duration of sunshine will have increased so much that agricultural self-sufficiency could become a profitable business. The operation of an agricultural production collective should also put a stop to the residents' anonymity. Every member of the house community will work in a job that helps to preserve the "Urban Farm" to a greater or lesser extent. Another possible field of activity is the running of internal commercial projects such as a farm hotel or bio-supermarket. As long as they invest a certain amount of their labor into the house's own agriculture, residents may also pursue traditional professions, but only for a third or less of their working hours.

Fields for intensive agriculture emerge in the surroundings. Roofs and courtyards are also used to cultivate useful plants. In this way, an enduring way of life close to nature should also be possible in the city. Ramps, staircases, and the dismantling of some walls increase the three-dimensional system of access routes and passages throughout the complex. A rich world of flora and fauna could be accommodated in this bio-reservation.

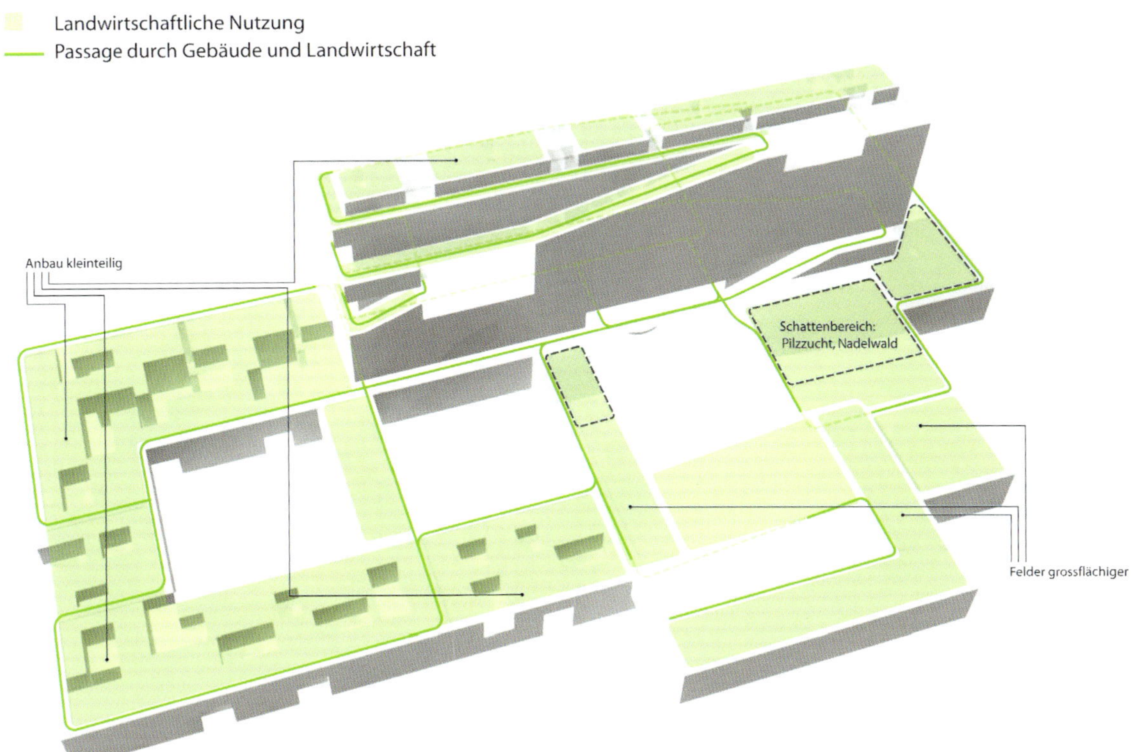

Anbauflächen auf dem Gebäude
Growing areas on the building

Transformierte Fassade   Transformed façade

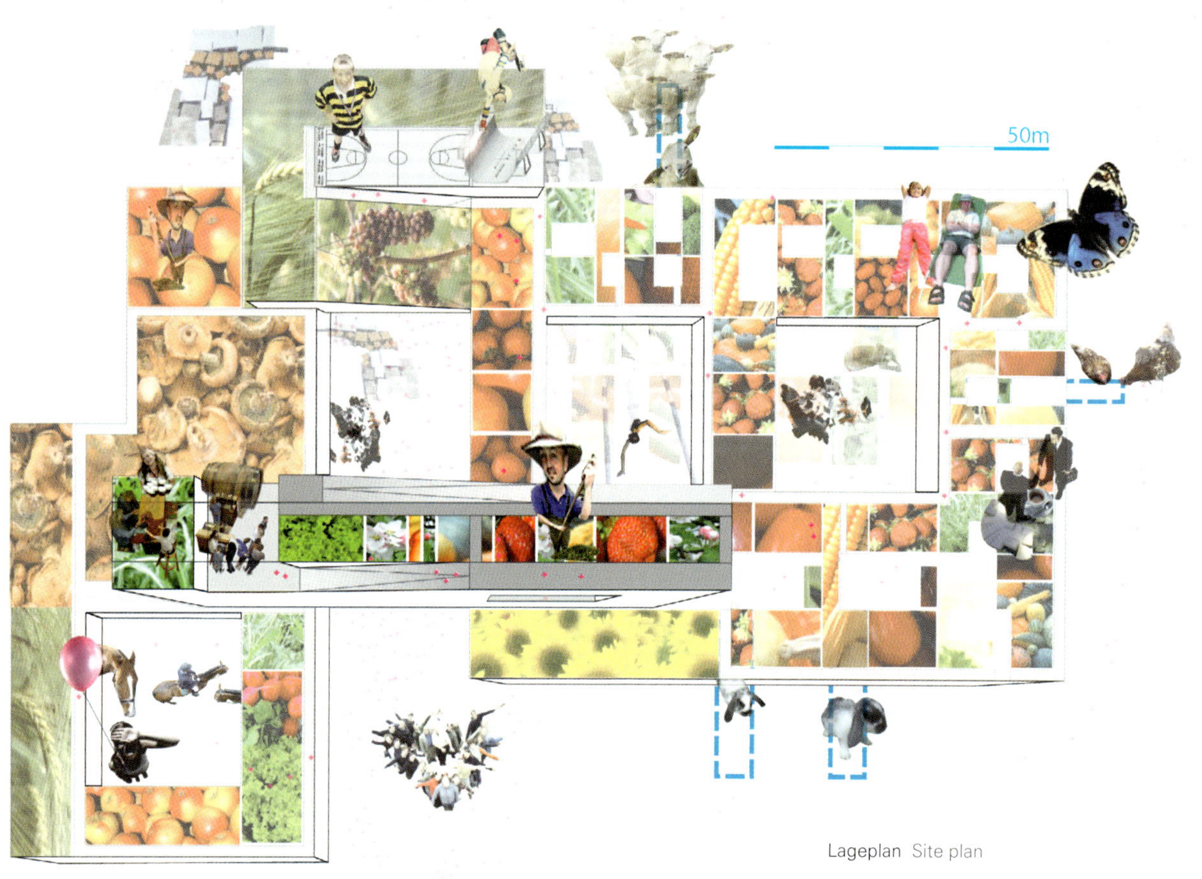

Lageplan Site plan

Kinderzimmer Children's room

Transformation
der Gebäudestruktur
Transformation
of the architectural structure

Biergarten   Beer garden

Melting Spot

Alexander Oehme . Jan Saggau
Staatliche Akademie der Bildenden Künste Stuttgart
Prof. Nicolas Fritz

Im Frankfurter Bürohaus in der Ulmenstraße spielt dieser Entwurf eine Umnutzung und Überformung des Bestandes durch, die auf verschiedene selbstdefinierte Parameter reagiert und zu eigenständigen Lösungen führt.

Damit über die gesamte Höhe des Baukörpers Tageslicht einfallen kann und jeder Raum von mindestens zwei Seiten natürlich belichtet wird, werden in den Baukörper polymorphe Lichtschächte gebrochen und große Teile der Außenhaut und der Geschossdecken herausgenommen. Die auf diese Weise entstehenden räumlichen und geometrisch anspruchsvollen Situationen bieten die Möglichkeit, auf den Etagen individuelle Grundrisslösungen in einer polygonalen Formensprache zu entwickeln. Aus der Überlagerung von Nutzertypen und Nutzungsdauer leiten die Verfasser Wohnmodelle ab, die in Bezug auf die Aufenthaltdauer von flexibel bis beständig reichen. Diesen wird mit einem Angebot von Miet-, Jahres und Eigentumswohnungen begegnet. Darüber hinaus wird den unterschiedlichen Lebenssituationen der Bewohner räumlich Rechnung getragen: Der kleinen auf Grundbedürfnisse ausgerichteten Singlewohnung stehen die Einheiten für Wohngemeinschaften mit Einzelzimmern und Gemeinschaftsraum, die vom Leben im Einfamilienhaus abgeleitete Familienwohnung sowie das barrierefreie Seniorenwohnen mit Garten auf einer Ebene gegenüber. Besonderes Augenmerk liegt dabei auf den graduell unterschiedlichen Bedürfnissen nach Privatheit. Durch eine ausgewogene Verknüpfung mit Sonderzonen, etwa für Kinderbetreuung und Freizeitaktivitäten, die nach einem System von Aktivität und Ruhe organisiert sind, sowie durch eine gezielte Durchmischung der Wohnformen sollen im Gebäude Nachbarschaften und soziale Bindungen entstehen. Die Verknüpfung mit dem Stadtraum wird durch Gestaltung der Außenflächen in der gleichen anspruchsvollen Formensprache gewährleistet. Der Entwurf ist von der Jury mit dem dritten Preis ausgezeichnet worden.

This design for the office building on Frankfurt's Ulmenstraße plays through a reuse and reshaping of the existing property, which – in response to various self-defined parameters – culminates in independent solutions. To permit daylight to fall throughout the building and illuminate every room naturally from at least two sides, polymorphous light shafts are opened up within the building's volumes, and much of the external casing and the ceilings are removed. The top-quality spatial and geometric situations that emerge as a result provide opportunities to develop individual ground plans on the different stories using a polygonal formal language. The authors derive housing models from an overlapping of user-types and durations of stay that range from flexible to permanent. Requirements are met by offering apartments for rent, annual lease, and purchase. In addition, space is allocated according to the residents' varying life situations: apartments for singles – small and oriented towards basic needs – contrast with units for shared occupation including personal rooms and a communal area, family apartments oriented on life in a detached single-family house, and accessible housing for seniors with a facing garden on the same level. Here, special attention is paid to differing needs for privacy. The aim is to promote neighborliness and social contacts within the building using a balanced combination of special zones, e.g., providing child-care and leisure facilities, organized according to a system of activity and quiet, as well as a deliberate mix of accommodation forms. The design of the outside areas in the same outstanding formal language guarantees a link with urban space. The jury awarded third prize to this design.

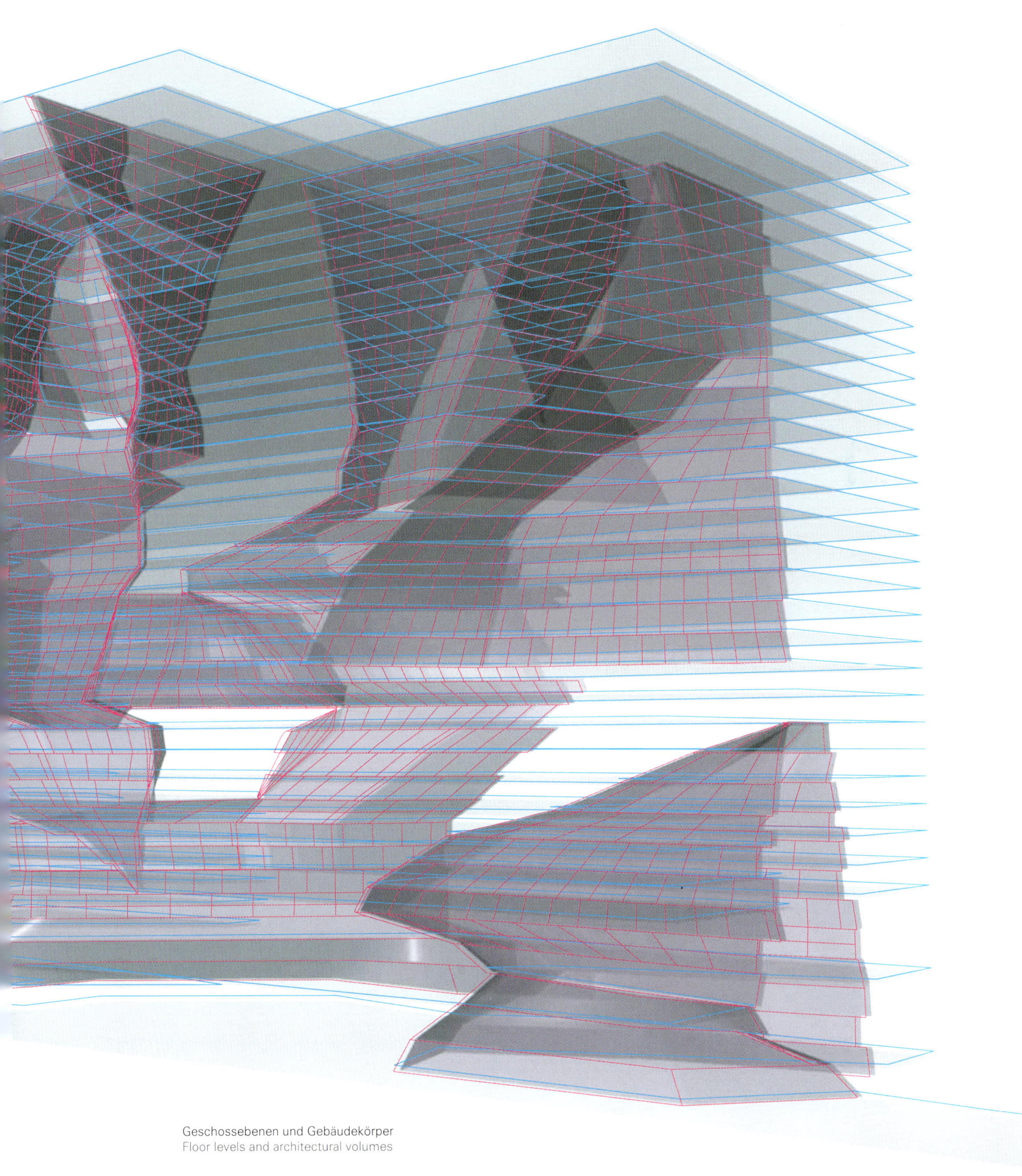

Geschossebenen und Gebäudekörper
Floor levels and architectural volumes

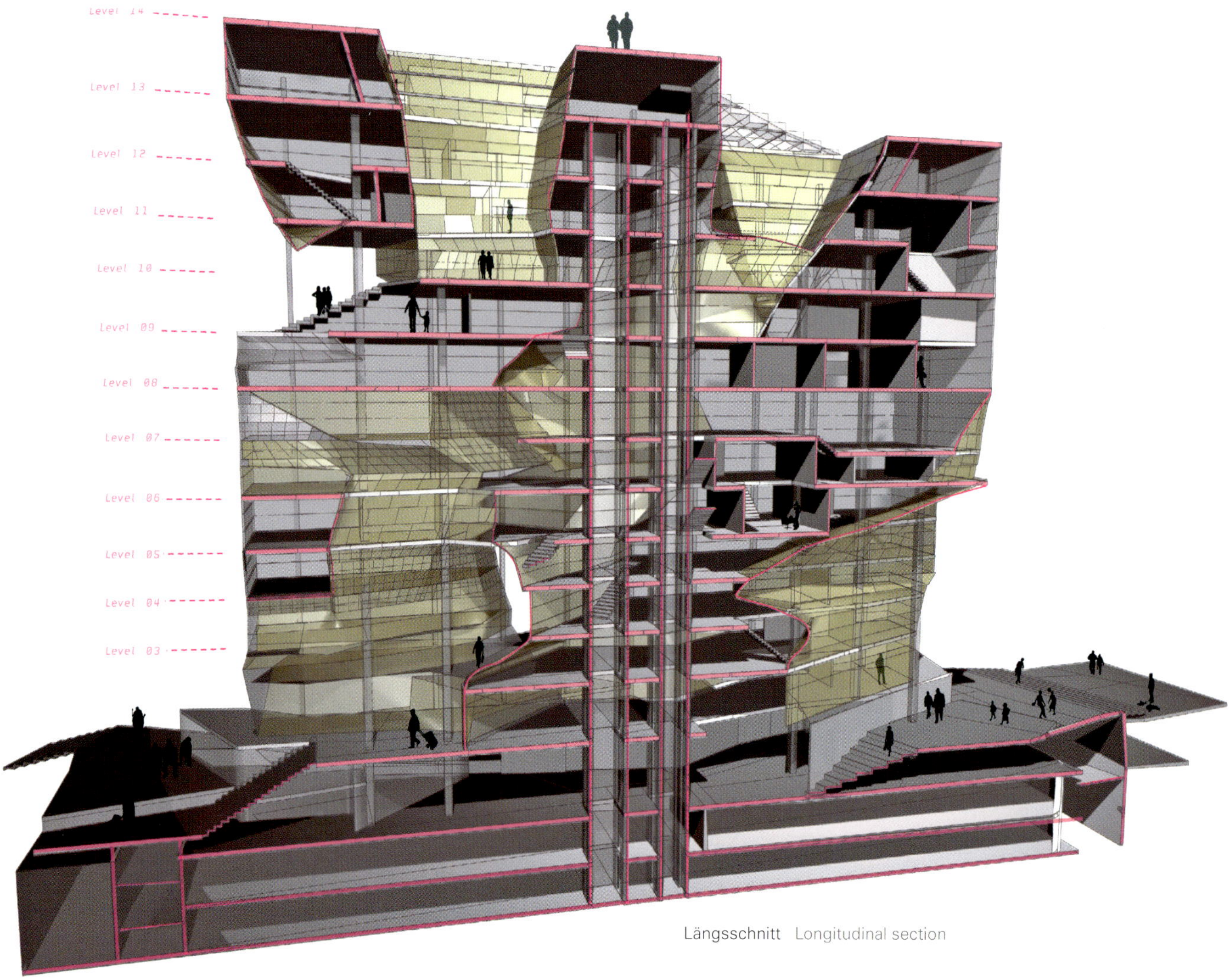
Level 14
Level 13
Level 12
Level 11
Level 10
Level 09
Level 08
Level 07
Level 06
Level 05
Level 04
Level 03

Längsschnitt Longitudinal section

Offene und geschlossene Grundrissformen
Open and closed ground plans

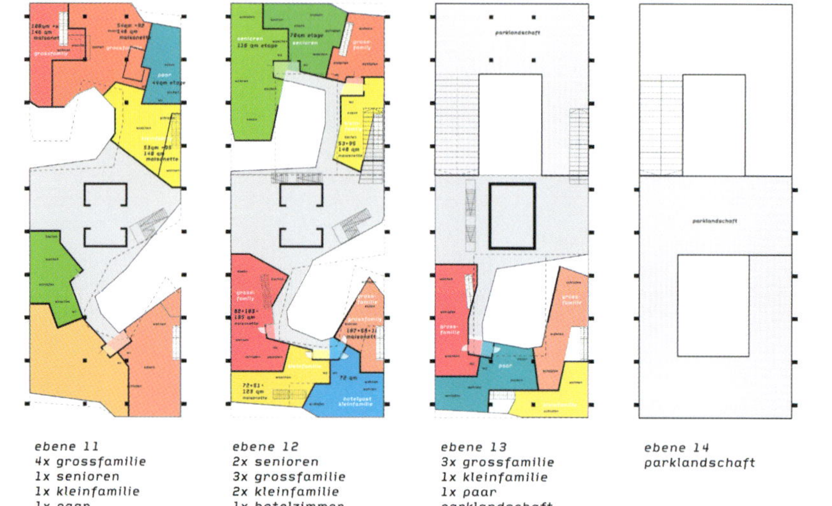

ebene 11
4x grossfamilie
1x senioren
1x kleinfamilie
1x paar
ebene 12
2x senioren
3x grossfamilie
2x kleinfamilie
1x hotelzimmer
ebene 13
3x grossfamilie
1x kleinfamilie
1x paar
parklandschaft
ebene 14
parklandschaft

Liege- und Badelandschaft   Recreation and swimming area

Verbindung unterschiedlicher Wohnangebote
Link between different living areas

Ulmenstraße Frankfurt

Margarete Goschler
Bergische Universität Wuppertal
Prof. Artur Mandler

Inspiriert von der Idee einer Stadt im Haus wird das Bürogebäude in der Frankfurter Ulmenstraße radikal umgebaut. Nachdem das Gebäude zunächst bis auf das primäre Tragwerk zurückgebaut wird, soll diese neutralisierte Struktur durch entwurfliche Maßnahmen eine neue Identität erhalten. Dazu wird eine Mischung der Funktionen Wohnen, Arbeiten und Freizeit etagenweise geschichtet im Gebäude verteilt. Dabei sind die den Freizeitnutzungen vorbehaltenen Geschosse durch eine hochtransparente Verglasung sowie eine geringe Auskragung gekennzeichnet und nehmen die beiden unteren, das zentral gelegene siebte Obergeschoss und das Dachgeschoss ein. Die anderen Etagen hingegen sind alternierend aus der Gebäudemitte herausgeschoben und abwechselnd durch dunkle und helle Fassadenbänder gestaltet. In zwei Fällen liegen Arbeitsetagen zwischen je einer Wohnetage, sodass sich ein Rhythmus von Zweier- und Dreier-Etagenpaketen ergibt.
Die Wohnetagen sind in zwei Grundtypen vorgesehen, zum einen als Vierspänner-Anlage mit sehr großen Etagenwohnungen, andererseits mit einer Mittelgangerschließung und einer großen Varianz an Wohnungstypen und -größen. Im zweiten Fall ergeben sich durch die aus der Mittelachse verschobene Position des Erschließungsganges kleinere Grundmodule auf der einen und größere auf seiner anderen Seite. Diese können einem Katalog von Varianten folgend in einer Vielzahl von Möglichkeiten sowohl auf einer Ebene als auch geschossübergreifend kombiniert werden. Terrassen und Loggien erhöhen jeweils die Wohnqualität. Die Bürogeschosse sind gegliedert in Raumeinheiten, die an den Außenseiten entlang angeordnet sind, sowie einen mittleren, zentralen Streifen, der als Bewegungsfläche dient und in den tageslichtlose Besprechungsräume eingestellt sind.

The office building on Ulmenstraße in Frankfurt undergoes a radical conversion inspired by the idea of a city within a house. After the building has been reduced to the primary load-bearing structure, the aim is to lend a new identity to this neutralized structure by means of various planning measures. With this in mind, a combination of living, working, and leisure functions is distributed throughout the building in layers, floor by floor. The levels earmarked for leisure use are characterized by highly transparent glazing as well as a slight overhang, and comprise the two lowest floors, the seventh floor in the middle of the building, and the attic floor. By contrast, the remaining floors are pushed outwards alternately from the center of the building and highlighted with reciprocal bands of dark and light façade. In two cases, working floors are located between two residential floors so that a rhythm of two- and three-floor packages emerges. The residential floors are conceived as two basic types. On the one hand, they offer four-apartment complexes with very big apartments on one floor, and on the other hand, they are envisaged with central corridor access and a wide variety of apartment types and sizes. In the second case, the fact that the access corridor is not situated along the central axis means that smaller basic modules emerge on one side and bigger ones on the other side of the corridor. Following a catalogue of variations, these can be combined to create a large number of possibilities, on one level or also extending over more than one floor. Terraces and loggias add to the quality of accommodation in each case. The office floors are divided into units arranged along the perimeters of the building as well as a central strip that functions as a circulation area; conference rooms with no daylight are embedded into this.

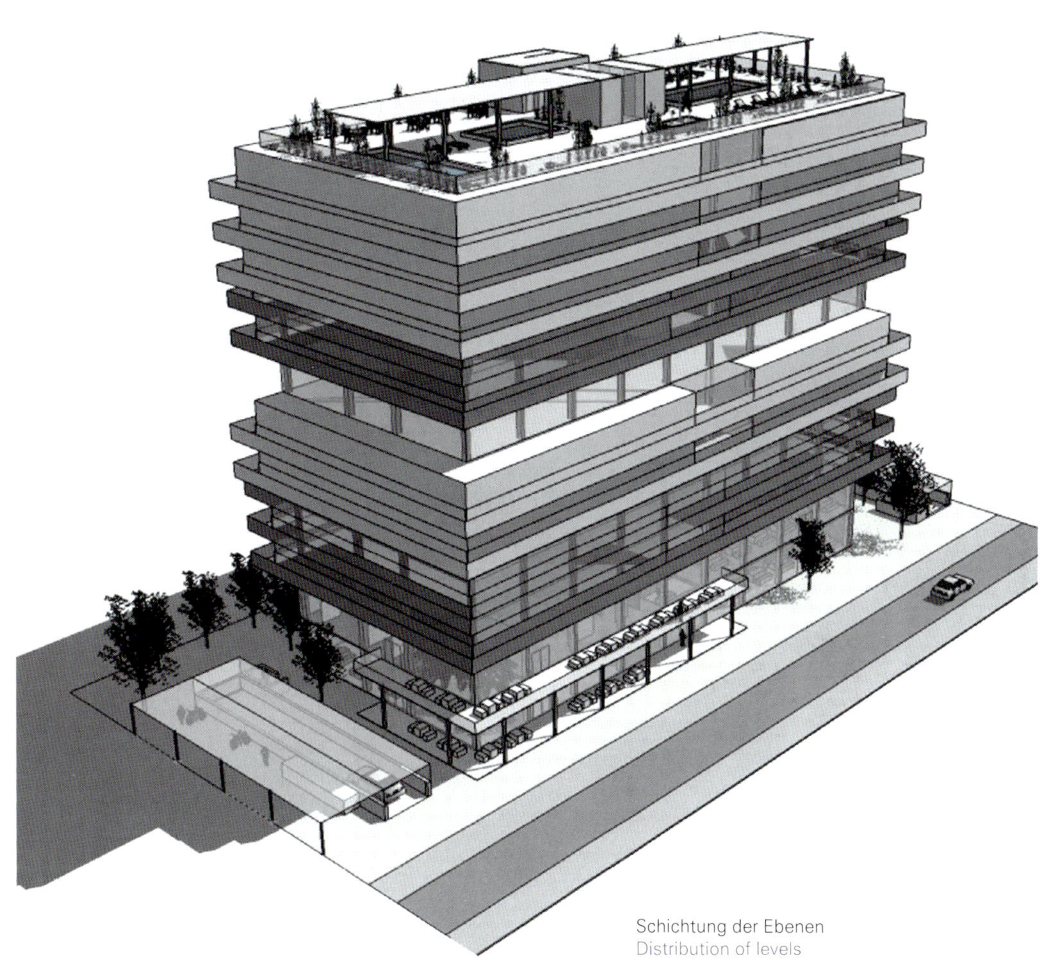

Schichtung der Ebenen
Distribution of levels

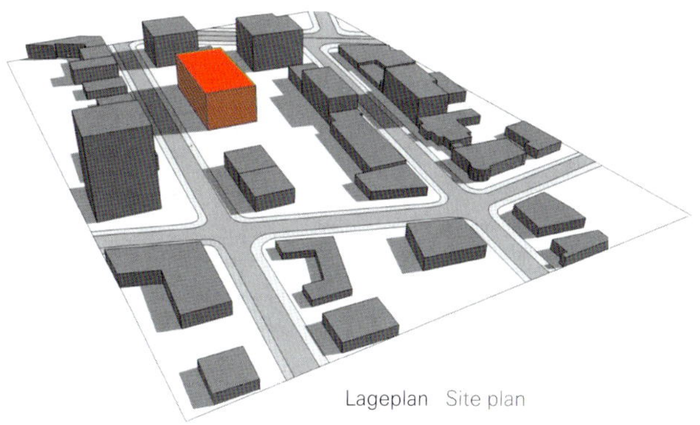

Lageplan Site plan

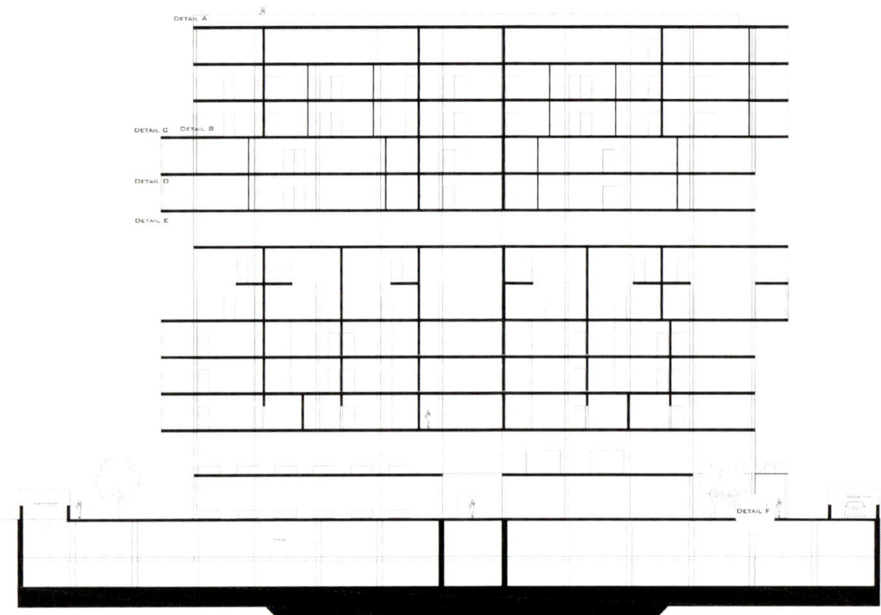

Längsschnitt Longitudinal section

Schwimmbad Swimming pool

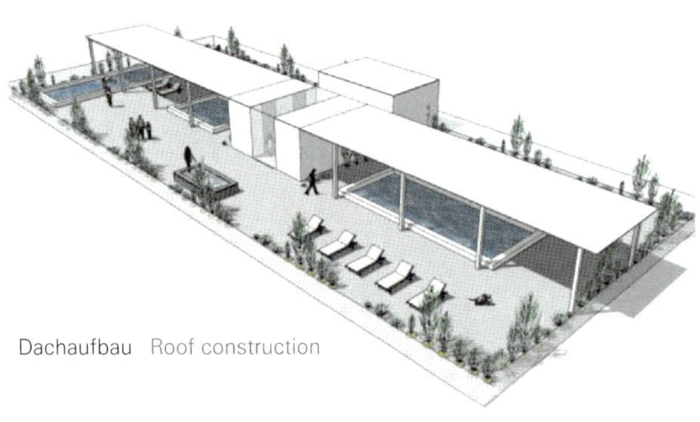

Dachaufbau Roof construction

Modellaufnahmen Photos of the model

Pappenheimerstraße München

Katja Eckhardt
Hochschule Darmstadt
Prof. Marcin Orawiec

Für den Standort in der Münchner Maxvorstadt wird in diesem Beitrag ein integratives Wohnkonzept entwickelt, das generationsübergreifend Akademiker mit ihren Familien und Studierende in einem gemeinschaftsorientierten Wohngebäude zusammenbringt. So soll an einem Ort hoher Wohnqualität und eines vielseitigen kulturellen Angebots der Segregation der Gesellschaft entgegengewirkt werden. Dafür wird der Bestand vertikal in einen Servicebereich im Erdgeschoss, doppelgeschossig ineinander verschachtelte Wohnebenen in den darüber liegenden Stockwerken, eine Arbeitsebene in der dritten Etage sowie Freizeitnutzungen auf dem Dach gegliedert. Gemeinschaftsbereiche verbinden das Gebäude geschossübergreifend sowie die Bewohner generationsübergreifend.

Für das Wohnen werden fünf unterschiedliche Raumtypen entwickelt, von denen drei als Maisonette ausgebildet sind. Diese bieten Wohnungsgrößen von etwa 80 bis 150 Quadratmetern mit zwei bis fünf Zimmern und sind mit Ausnahme eines Typs zu beiden Seiten des Außenraums orientiert. Mit diesen Wohnungen sollen flexible und individuelle Raumsituationen angeboten werden. Auch die Erschließung, die zwischen den in den Altbau gesetzten Wohnungen vermittelt, ist auf eine flexible Raumnutzung ausgerichtet: Ebenso wie die mehrgeschossigen Gemeinschaftsräume treten diese neuen Erschließungselemente zum Teil aus dem Bestandbaukörper hervor und addieren sich mit dem auf die Dachebene aufgesetzten Freizeitbereich zu einem den Umbau außen sichtbar machenden Ensemble von Eingriffen.

This entry develops an integrated housing concept for the location in Munich's Maxvorstadt, bringing together families of academics and students, across the generations, in a residential building that is oriented on community. The aim is to work against social segregation in a location with superior residential quality and multifaceted cultural offers. To this purpose, the existing building is divided vertically into a services area on the ground floor, two residential levels of double interlocking floors in the stories above this, a working level on the third floor, and leisure facilities on the roof. Communal areas link the building across the various floors as well as its residents across the generations. Five different apartment types have been developed, three of which are envisaged as maisonettes. These provide apartment sizes from ca. 80 up to 150 square meters with two to five rooms and, with the exception of one type, they are oriented towards the outside of the building. The aim of these apartment types is to provide flexible, individual spatial situations. This is extended to include the forms of access, which mediate between the apartments set into the old building. Like the communal areas, which extend over several stories, the elements of access project partially from the existing body of the building; together with the linear leisure facility area set on the roof, they add up to a package of interventions that make the conversion visible from outside.

Erschließung Access

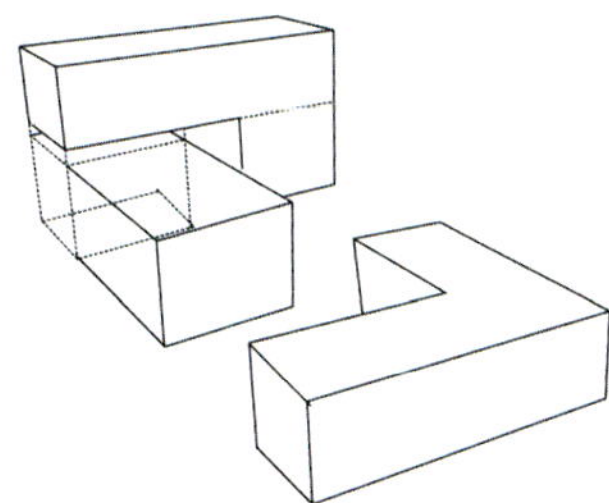

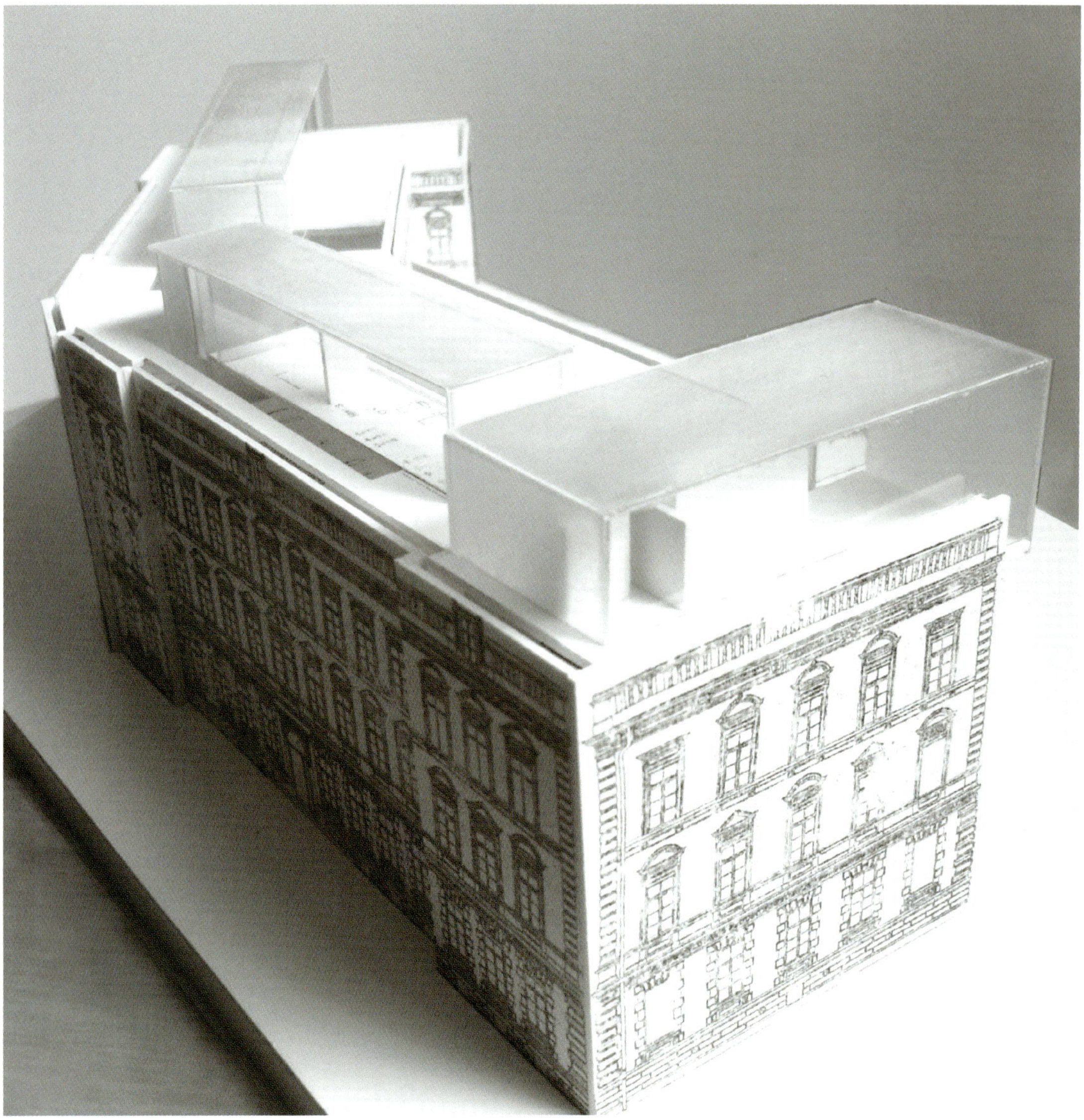

Modellaufnahme   Photo of the model

Fassaden Norden und Süden
North and south façades

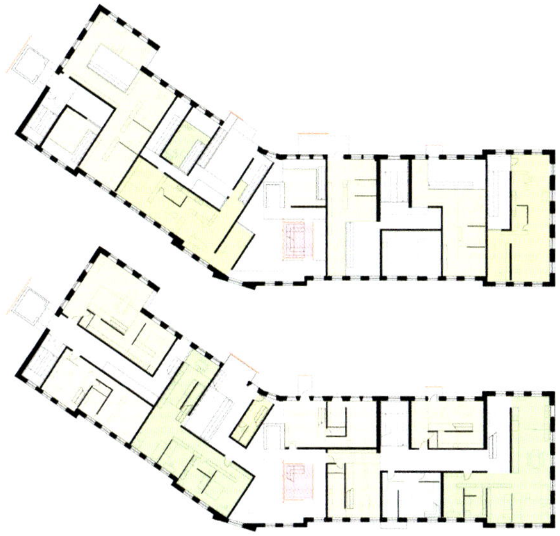

Grundrisse Ground plans

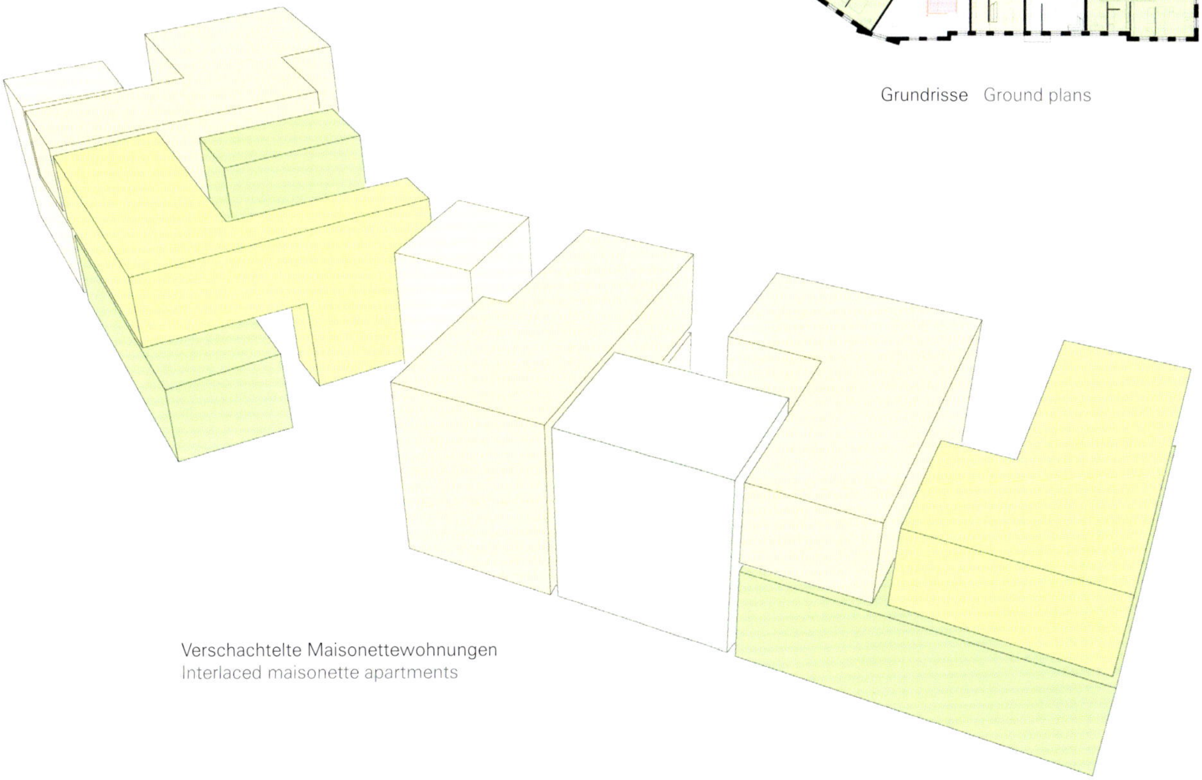

Verschachtelte Maisonettewohnungen
Interlaced maisonette apartments

Fassade Osten
East façade

In
Between

Konstantin August . Karsten Klenk
Staatliche Akademie der Bildenden Künste Stuttgart
Prof. Nicolas Fritz

Das Gebäude in der Frankfurter Ulmenstraße dient den Verfassern des mit dem ersten Preis ausgezeichneten Wettbewerbsbeitrags als Ausgangspunkt zur Entwicklung eines strukturellen Konversionsmodells, das mit jeweils nötigen Spezifizierungen auch auf andere Bauten dieses Bautyps übertragbar ist. Der Titel „In Between" bezieht sich dabei sowohl auf eine Vorstellung von Urbanität, die durch die Art der Verknüpfungen des Gebäudes mit der umgebenden Stadt charakterisiert ist, als auch auf die innere Struktur des Gebäudes, in der die Erschließungsflächen die Nutzer zur Erweiterung ihrer Lebensbereiche durch Aneignung der Zwischenräume auffordern.

Mit dem Anspruch, ein spezialisiertes und gleichzeitig hybrides Raumangebot zu erzeugen, wird ein Szenario entwickelt, das nach Analyse der Defizite des Bestands und seiner städtebaulichen Setzung dieses Ziel durch architektonische Eingriffe erreicht: Auf die interne Zonierung des Gebäudes und die Parzellierung von Geschossflächen folgen die Entwicklung der Erschließungsformen und die Optimierung der natürlichen Belichtung, wobei der Baukörper durch das Herausnehmen von Gebäudeteilen geschickt ausdifferenziert wird. Daraus resultieren vielfältige Angebote an räumlichen Grundeinheiten, von 25 Quadratmetern für Pendler und Singles über 45 bis 180 Quadratmeter für Wohngemeinschaften und Familien bis zur maximalen Größe von in der Summe 280 Quadratmetern für Kombinationen mit Außenraumanteilen.

Die Autoren gehen davon aus, dass sich die Nutzungscharakteristik der Bewohner stark unterscheidet. Die Möglichkeit, den vorgegebenen Grundeinheiten weitere Flächen nach Bedarf individuell zuzuschalten, soll aufgrund der räumlichen Lage der Einheiten im Gebäude zur Aktivierung der dazwischenliegenden Erschließungsbereiche führen. Die Verbindung zum Stadtraum wird durch abgestufte Zugänglichkeiten öffentlicher und halböffentlicher Bereiche im Haus differenziert ausgearbeitet.

The authors of the competition entry awarded the first prize employ the building in Frankfurt's Ulmenstraße as a starting point from which to develop a structural model of conversion that can be transferred to other buildings of this type, with the necessary adjustments in each case. The title 'In Between' refers to a concept of urbanity shaped by the way in which the building is linked to the surrounding city, but it also highlights the building's inner structure, in which the system of access calls upon the users to extend their living area through acquisition of the interim spaces. Aiming to provide space that is specialized and simultaneously hybrid, a successful scenario is developed – after analysis of the existing building's deficits and its urban developmental setting – by means of architectonic interventions: the internal zoning of the building and the subdivision of floor areas is followed by developing forms of access and optimizing the natural light, whereby the architectural volume is cleverly differentiated by removing sections of the building. The resulting diversity of basic spatial units, which range from 25 square meters for commuters and singles to 45 to 180 square meters for shared apartments and families, up to a maximum size totalling 280 square meters for combinations with areas of external space. Ultimately, the combinations of use are unlimited. In relation to the building as a whole, the apartments offered are pre-structured by their expansive arrangement in vertical and horizontal directions. Here, the authors begin with the assumption that the types of use by residents will differ considerably. In this respect, the possibility of adding further space to the existing basic units when required should lead to activation of the interim access areas due to the arrangement of the units within the building. Links to surrounding urban space are developed in a differentiated manner via graduated access to public and semi-public areas in the house.

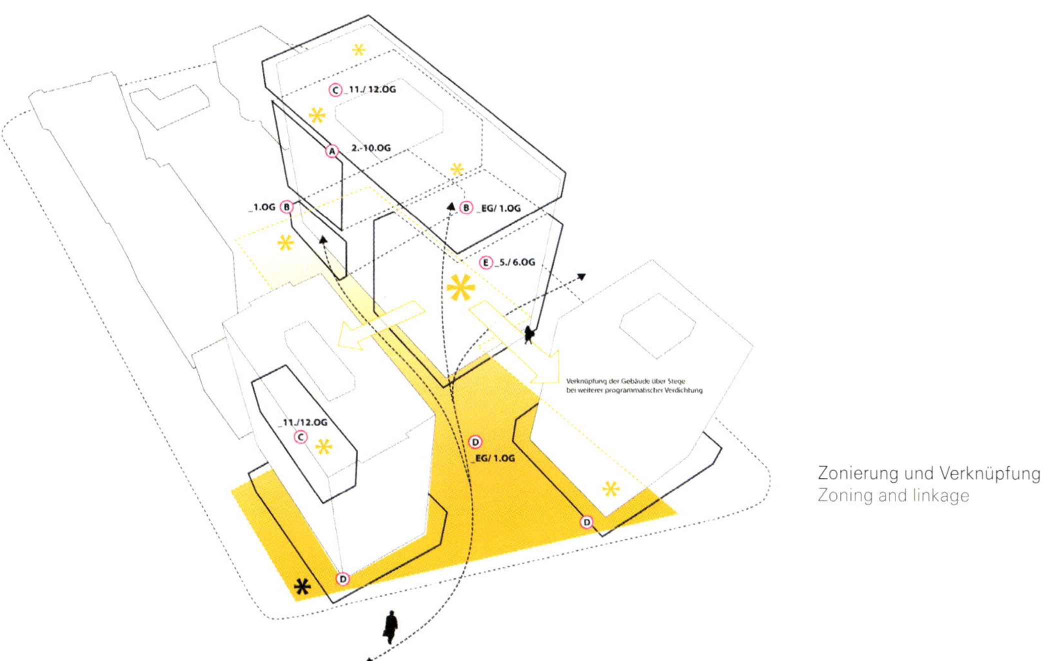

Gebäudeensemble Ulmenstraße, Frankfurt am Main   Architectural ensemble on Ulmenstraße, Frankfurt am Main

Zonierung und Verknüpfung
Zoning and linkage

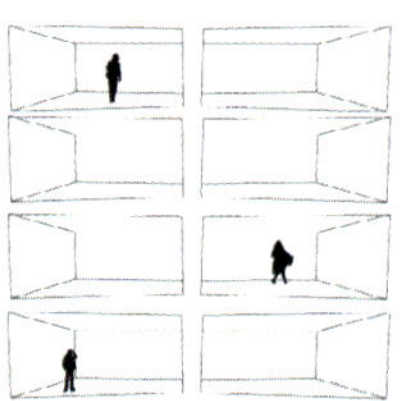

GENERISCHE SUBSTANZ

NEUTRALES GEFÜGE
unabhängig von Kontext,
Programm und Lichtverhältnissen

ZONIERUNG
basierend auf städtebaulicher
Situation und Programm

**INDIVIDUALISIERUNG UND
AUSDIFFERENZIERUNG**
der Verknüpfungsarten der Einheiten untereinander und mit dem
Zwischenraum

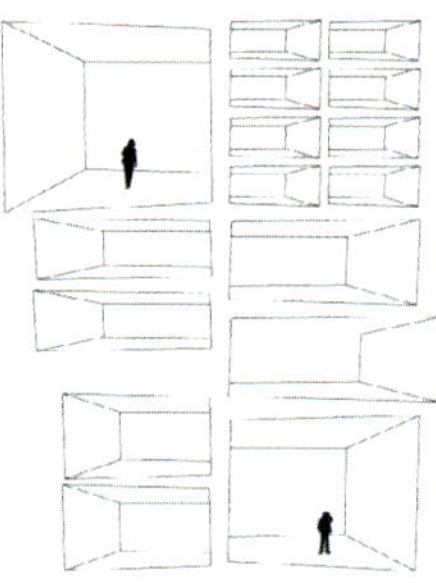

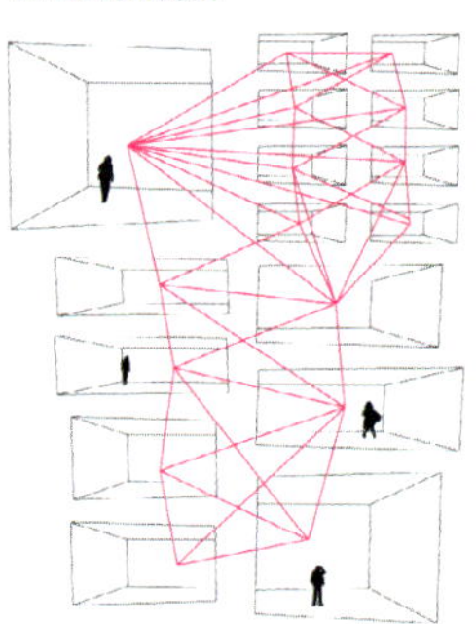

Räumliches Konzept   Spatial concept

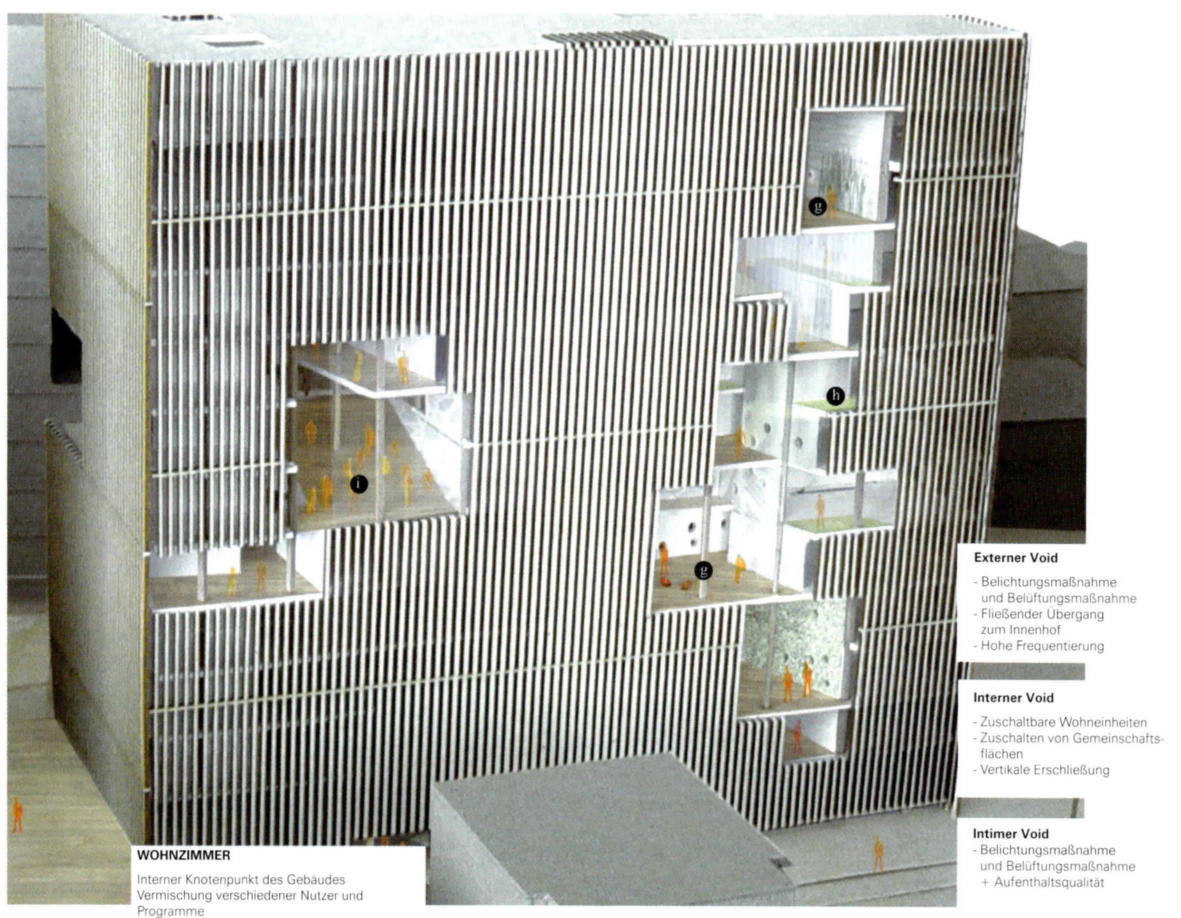

Modellaufnahme   Photo of the model

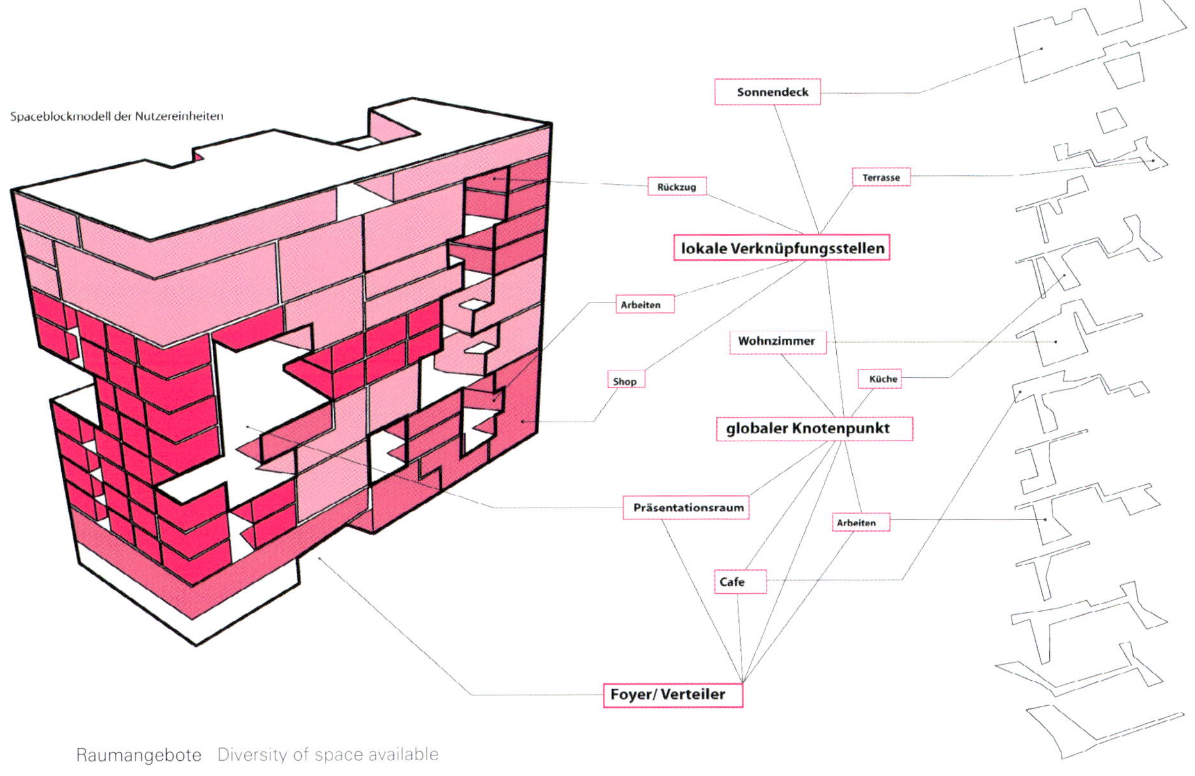

Raumangebote   Diversity of space available

Konferenzbereich   Conference area

Green Home Frankfurt

Justus Dietz . Tobias Roth
Staatliche Akademie der Bildenden Künste Stuttgart
Prof. Nicolas Fritz

Für das Gebäude in der Frankfurter Ulmenstraße entwickelt diese Arbeit einen Ansatz, der zuerst dessen offenkundigste Defizite für eine Wohnnutzung beseitigt, nämlich die mangelhafte Belichtungs- und Belüftungssituation. Mit dem Anspruch, dabei möglichst große Teile der Substanz zu erhalten, werden gezielt Teile der Geschosse entfernt, um die geplanten Maisonette-Wohnungen über angeliederte Gärten mit einer Höhe von zwei Geschossen besser zu belichten. Dies geschieht jeweils etagenweise versetzt, wobei sich an den Ecken des Gebäudes Sondersituationen dreifacher Höhe finden. Das Vorsetzen einer Glasfassade soll mit Hilfe des entstehenden Kamineffekts die Belüftung verbessern.

Die Wohnungen werden in vier Maisonnette-Typen von zwei bis drei Etagen in Größen von 110 bis 185 Quadratmetern ausgebildet. Sie können mit zur flexiblen Nutzung angebotenen Raumzellen gekoppelt werden, sodass aus den Grundmodulen je nach Kombination größere Nutzungseinheiten entstehen. Im Bedarfsfall könnten so Wohn- und Arbeitsbereiche bis zu einer Gesamtgröße von 600 Quadratmetern zusammengeführt werden, was den Betrieb einer kleinen mittelständischen Firma im Gebäude ermöglichen würde.

Service-Angebote für die Nutzer des Hauses sind die Beibehaltung der bestehenden Kantine und neue Läden im Erdgeschoss, die Re-Installierung eines Panorama-Cafés in der obersten Etage sowie als Besonderheit eine Golf-Abschlags-Trainingsanlage auf dem Dach. Diese ist eine direkte Referenz an die avisierte Nutzergruppe, die aus Bankern und Brokern bestehen soll, welche als Singles leben und gehobene Ansprüche an die Größe und Ausstattung ihrer Wohnung stellen. Da dies als Kompensation offenbar nicht ausreicht, können sie sich so auf dem Dach ihres Hauses den vom Arbeitsalltag angestauten Frust von der Seele schlagen, so die Autoren.

This work develops an approach to the building in Frankfurt's Ulmenstraße that deals first of all with its most obvious deficits for residential use, i.e., the inadequate lighting and ventilation situation. Aiming to retain as much as possible of the existing building in the process, parts of the floors are deliberately removed in order to provide better light in the planned maisonette-apartments via adjacent gardens over a height of two floors. This intervention is staggered floor by floor, whereby exceptions spanning three floors can be found at the building's corners. A glazed facade is set in front of the present facade in order to improve ventilation with the aid of the resultant chimney effect. Apartments will be developed in four maisonette types comprising two to three floors, and in sizes ranging from 110 to 185 square meters. They can be joined to spatial cells provided for flexible use, so that – dependent on the combination – it is also possible to create larger units from the basic modules. If required, therefore, living and working areas up to a total area of 600 square meters could be combined, even enabling the operation of a small-scale business in the building. Services provided for the users of the house include the retention of the existing canteen and new shops on the ground floor, the re-installation of a panorama-café on the topmost floor, and the special feature of a golf driving range on the roof. This is a direct reference to the envisaged user group, which should consist of bankers and brokers who live as singles and make considerable demands on the equipment and size of their apartments. As this is insufficient compensation, apparently, the authors suggest that they can then 'drive away' the cumulated frustration of a routine day at work on the roof of their house.

Fassade mit Einschnitten und Dachaufbau der Golfanlage
Façade with cut-out areas and golf complex on the roof

Lageplan
Site plan

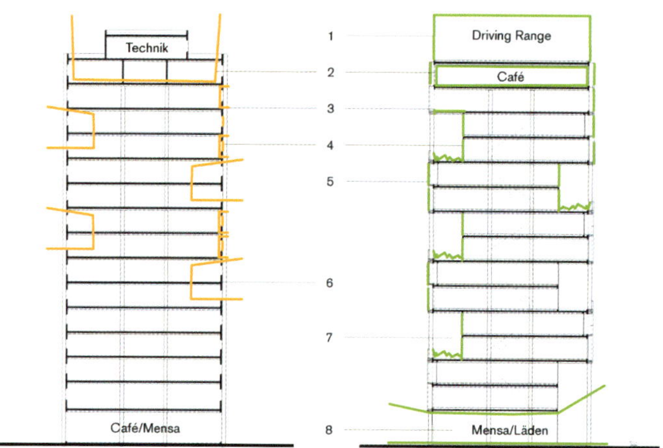

Ansicht und Schnitte   View and sections

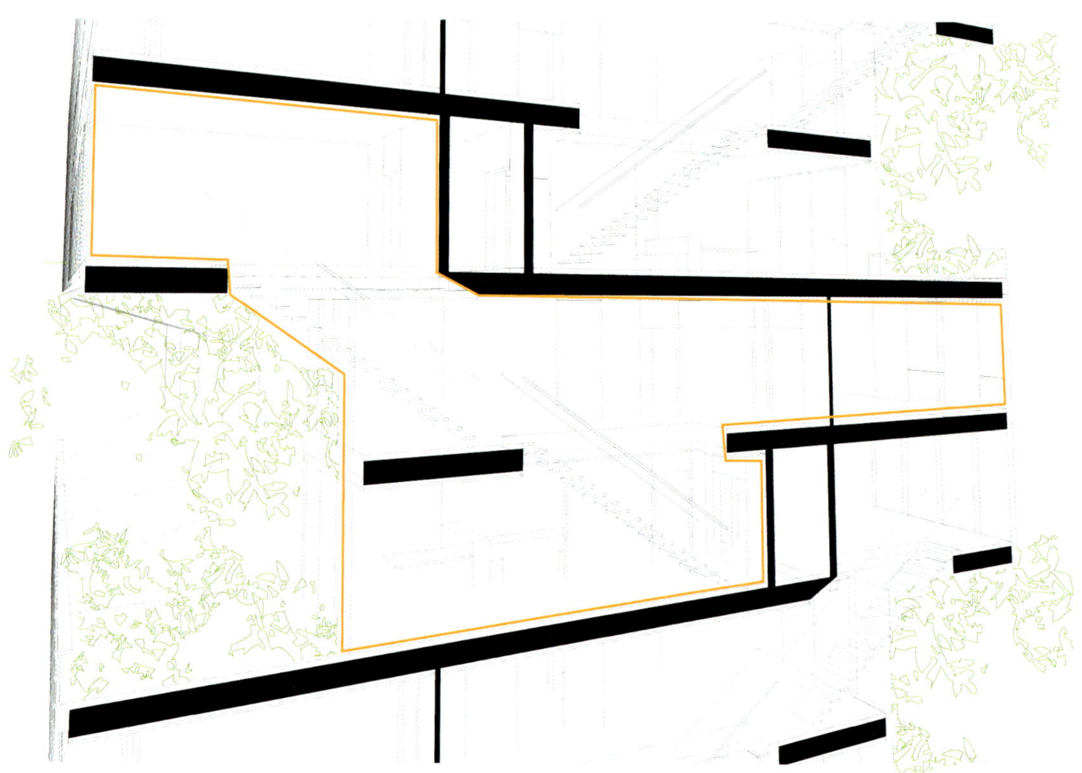

Wohnung mit Galeriegeschossen   Apartment with gallery levels

Golf über den Dächern von Frankfurt   Golf above the roofs of Frankfurt

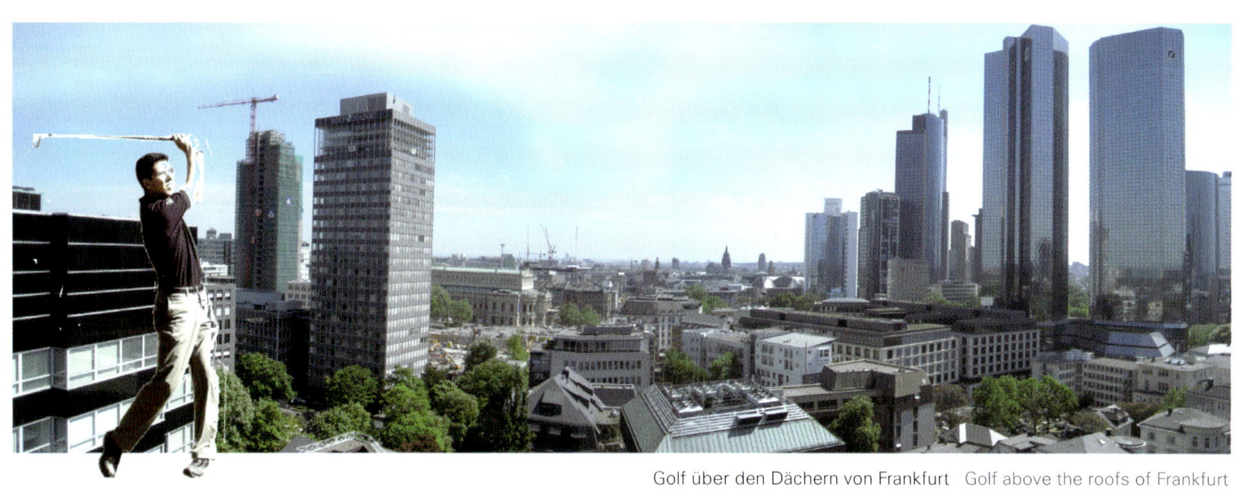

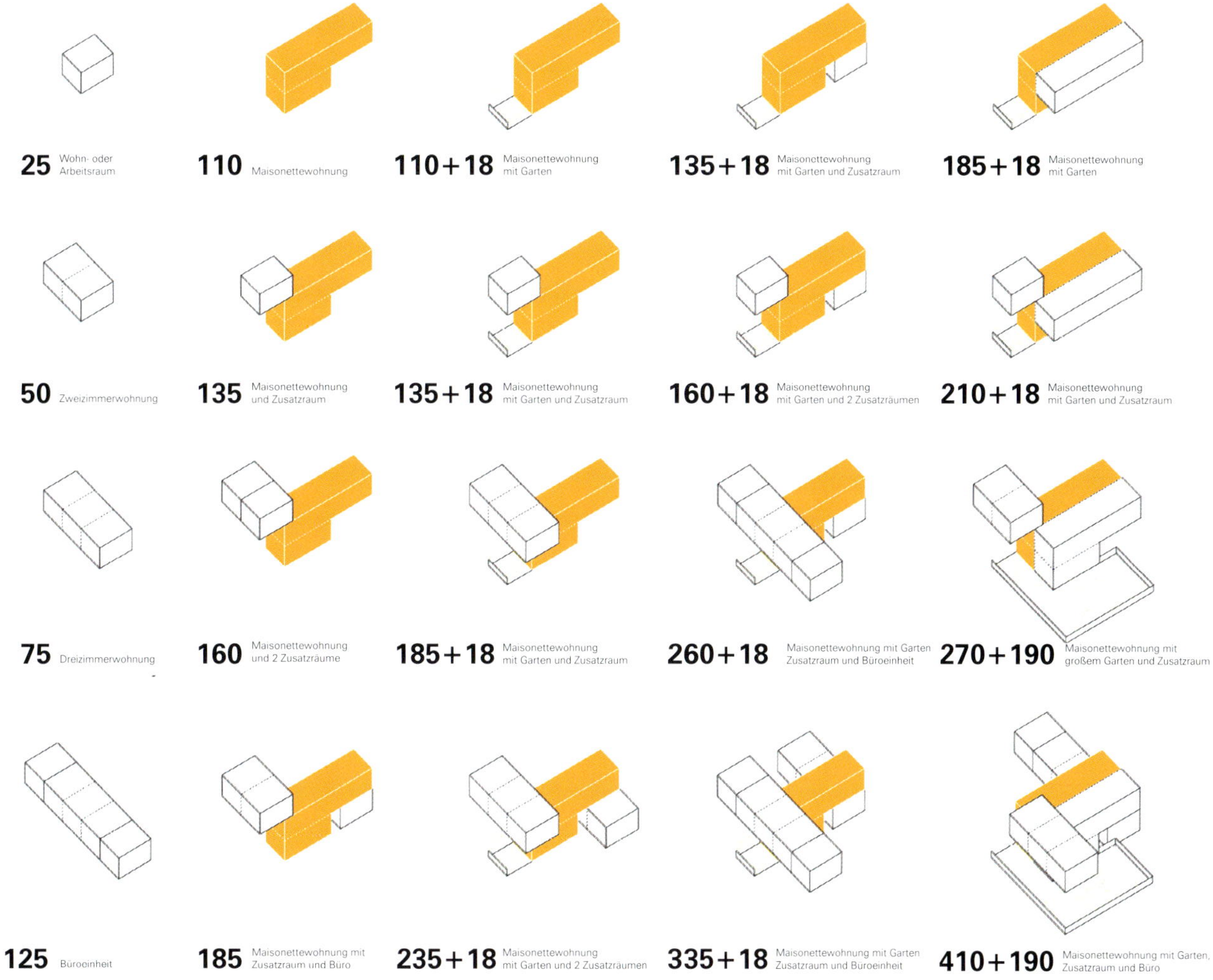

25 Wohn- oder Arbeitsraum
110 Maisonettewohnung
110+18 Maisonettewohnung mit Garten
135+18 Maisonettewohnung mit Garten und Zusatzraum
185+18 Maisonettewohnung mit Garten
50 Zweizimmerwohnung
135 Maisonettewohnung und Zusatzraum
135+18 Maisonettewohnung mit Garten und Zusatzraum
160+18 Maisonettewohnung mit Garten und 2 Zusatzräumen
210+18 Maisonettewohnung mit Garten und Zusatzraum
75 Dreizimmerwohnung
160 Maisonettewohnung und 2 Zusatzräume
185+18 Maisonettewohnung mit Garten und Zusatzraum
260+18 Maisonettewohnung mit Garten Zusatzraum und Büroeinheit
270+190 Maisonettewohnung mit großem Garten und Zusatzraum
125 Büroeinheit
185 Maisonettewohnung mit Zusatzraum und Büro
235+18 Maisonettewohnung mit Garten und 2 Zusatzräumen
335+18 Maisonettewohnung mit Garten Zusatzraum und Büroeinheit
410+190 Maisonettewohnung mit Garten, Zusatzraum und Büro

Bausteinsystem der Wohneinheiten   Building block system of the housing units

Vertical Village

Dennis Laufer
Fachhochschule Frankfurt am Main
Prof. Nikolaus Kränzle
Prof. Thomas Zimmermann

Die für eine Wohnnutzung ungeeignete Gebäudetiefe des Bürohauses in der Frankfurter Ulmenstraße wird in diesem Beitrag bewältig, indem zwei große Lichtschächte eingefügt werden. Zu beiden Seiten des zentralen Versorgungskerns verbinden sie auch die inneren Bereiche der Geschossflächen mit der Außenwelt. Um die Schächte herum führen galerieartige Umgänge zu den eigentlichen Nutzräumen des Hauses. Als Besonderheit nimmt die Breite der Lichtschächte nach unten ab, auf unterschiedlicher Höhe entstehen so interne Terrassen mit Blick in den Himmel. Die Nutzung unterscheidet sich von Etage zu Etage; mit einer Vielzahl von Funktionen soll das Ideal des „Dorfes im Haus" realisiert werden. Den größten Teil nehmen Wohnungen ein, bis zu sechs Einheiten pro Stockwerk. Die fünfte und sechste, sowie die achte und neunte Etage sind jeweils auf einer Gebäudehälfte zu doppelgeschossigen Gemeinschaftsräumen zusammengefasst. Diese stellen die „Marktplätze" des vertikalen Dorfes dar. Weitere Nutzungen, die die Lebendigkeit der Stadt ins Haus holen sollen, sind Büros, Gastronomie und ein Tagungszentrum. In den obersten Geschossen sorgen eine Bar mit Dachterrasse, sowie ein Fitnessbereich mit Swimmingpool dafür, dass eine Zirkulation der Bewohner durch alle Etagen angeregt wird. Die unterschiedlich geschnittenen Wohnungen sind aus wenigen Grundmodulen aufgebaut, sie lassen sich zu verschiedenen Größen kombinieren. In den oberen Stockwerken sind exklusive Großwohnungen von 160 bis 400 Quadratmetern vorgesehen, in den unteren Etagen kleinere Einheiten zwischen 60 und 140 Quadratmetern. Der zuvor vollständig entkerne Bau wird mit neuen Fassaden versehen, der jeweiligen Nutzung entsprechend mehr oder weniger transparent. Bereiche mit zusammenhängender Wandfläche besitzen entweder Loch- oder Bandfenster. Sie treten aus den gläsernen Wänden der übrigen Fassadenfläche hervor.

By inserting two big light shafts, this entry masters the problem of the structural depth of the office building on Frankfurt's Ulmenstraße, which makes it unsuitable for housing. On both sides of the central supply tract, these shafts also link the inner areas of each floor with the outside world. Gallery-like corridors around the shafts lead to the utilized areas of the building. One special feature is that the light shafts increase in width towards the bottom, meaning that internal terraces with a view to the sky are created at different heights. Usage differs from floor to floor; the aim is to realize the ideal of a "village in a house" with numerous functions. The biggest space is taken up by apartments, with up to six units per floor. The fifth and sixth, as well as the eighth and ninth stories are each joined in one half of the building to create communal, double-floor areas. These represent the "market places" of the vertical village. Further uses that aim to bring the lively city atmosphere into the house are offices, restaurants and a conference center. On the topmost floors, a bar with a roof terrace and a fitness area with swimming pool ensure that residents are encouraged to circulate throughout the floors. The differently cut apartments are constructed from a few basic modules; they can be combined into varying sizes. Large exclusive apartments of 160 to 400 square meters are envisaged on the upper floors, and the smaller units from 60 to 140 square meters on the lower floors. Having been completely gutted, the structure is given new facades, more or less transparent according to their utilization. Areas with continuous expanses of wall have punctuated or ribbon windows and thus stand out from the glazing of the remaining facade.

Foyer mit Cafeteria   Foyer with cafeteria

Blick in das Treppenhaus
View into the stairwell

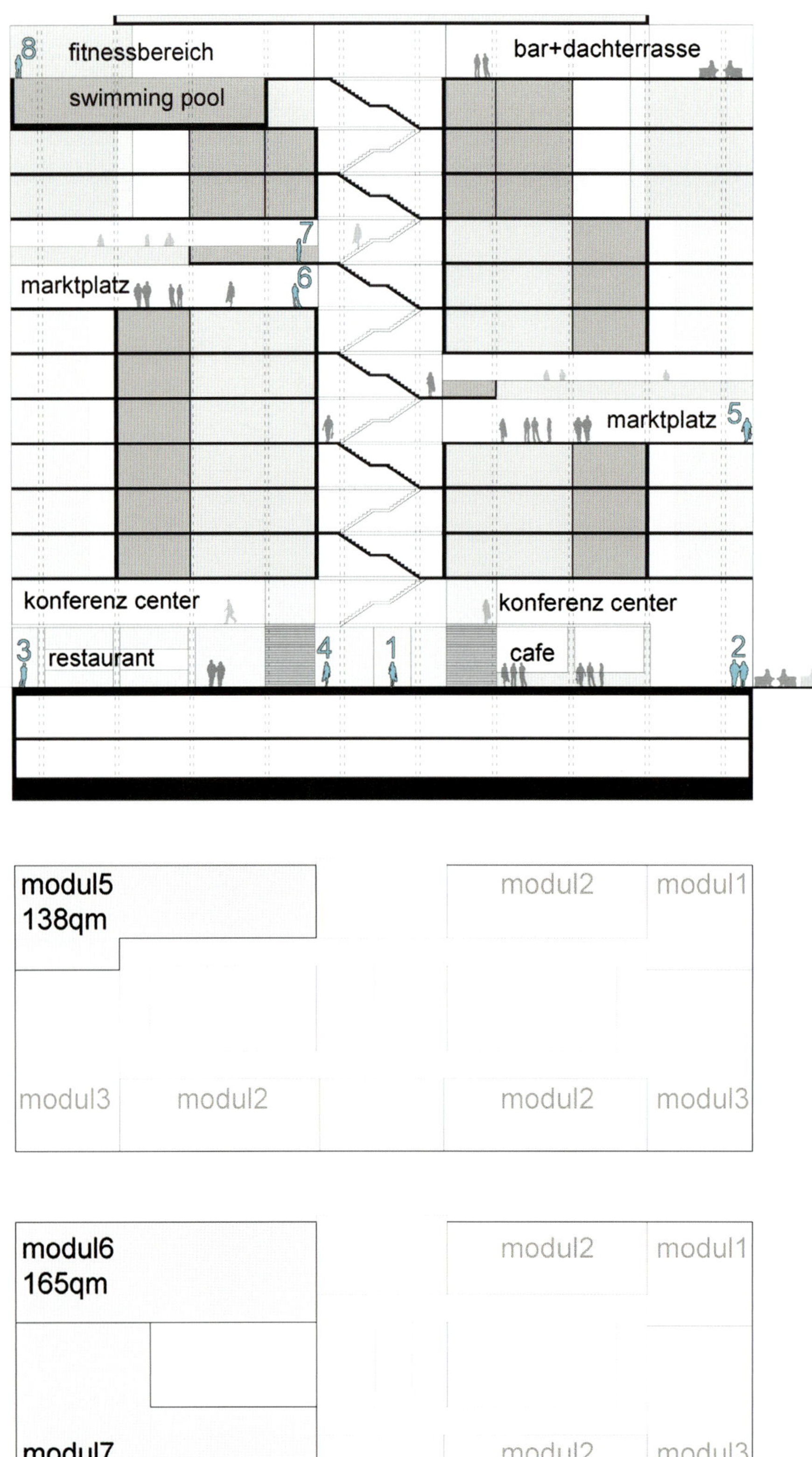

Verbindung der Module   Linkage of the modules

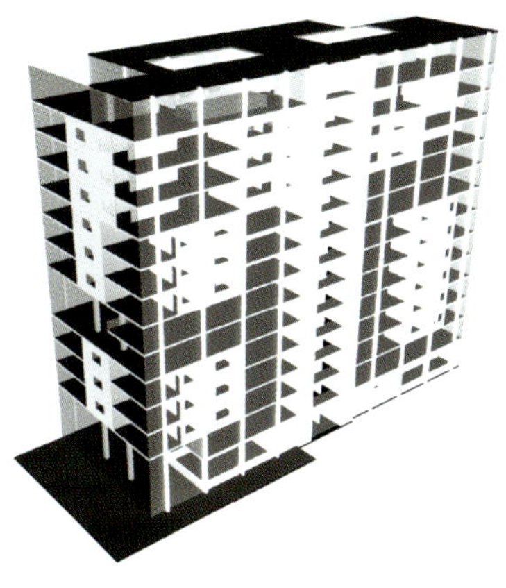

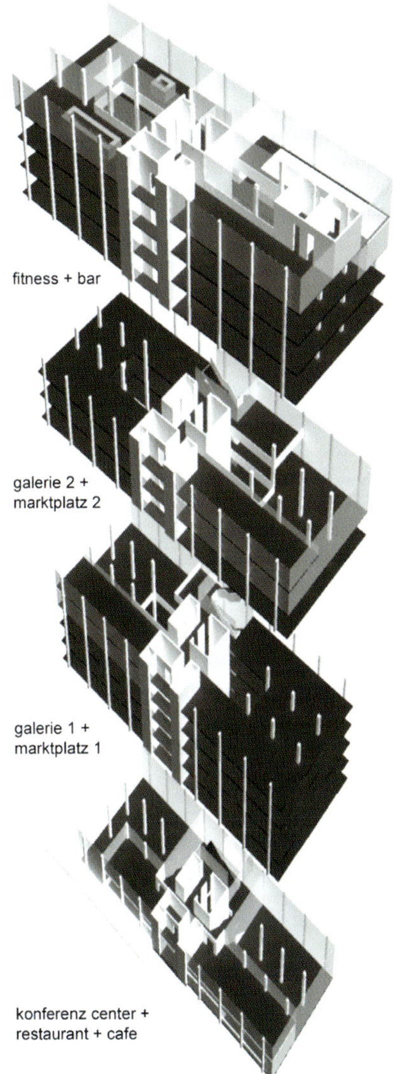

fitness + bar

galerie 2 +
marktplatz 2

galerie 1 +
marktplatz 1

konferenz center +
restaurant + cafe

Gestapelte Funktionen
Stacked functions

Blick in den Lichtschacht
View into the light shaft

Lichtschacht und Marktplatz
Light shaft and marketplace

Aufgang zum Konferenzzentrum
Stairs up to the conference center

Autoren
Authors

Dawud Diniawarie, Dawud Diniawarie, Dipl.-Ing. Architekt, geboren in Teheran, 1971 Abschluss Studium Raumplanung/Innenarchitektur/Bauingenieurwesen und Architektur. Tätigkeit als Architekt 1971–1991 HPP Hentrich, Petschnigg & Partner KG, Düsseldorf. Ab 1991 Geschäftsführender Gesellschafter von build.ing. Ingenieurgesellschaft für Projektentwicklung und Immobilienmanagement mbH in Berlin/Frankfurt. Ab 1993 Inhaber von IMD DINIAWARIE Architekten Leipzig/Königstein. Ab 2005 Inhaber und Managing Director von EFG Engineering and Financial Group Teheran. Gründer und Präsident des Immobilienforums Frankfurt.

Dawud Diniwarie, Dipl.-Ing. Architect, was born in Teheran. He completed studies of spatial planning/interior design/civil engineering and architecture in 1971 and worked as an architect at HPP Hentrich, Petschnigg & Partner KG, Düsseldorf from 1971–1991. Managing partner of build.ing. Ingenieurgesellschaft für Projektentwicklung und Immobilienmanagement mbH in Berlin/Frankfurt as from 1991. Proprietor of IMD DINIAWARIE Architects Leipzig/Königstein as from 1993. Proprietor and managing director of EFG (Engineering and Financial Group) Teheran as from 2005. Founder and president of the Immobilienforum Frankfurt.

Jürgen Engel, Dipl.-Ing. Architekt, S.M. Arch./MIT, Jahrgang 1954; Studium an der TU Braunschweig, ETH Zürich, RWTH Aachen und am MIT, Cambridge USA. 1982–1986 Mitarbeit im Büro Schneider-Wesseling Architekten, Köln. 1986–1989 Büroleitung bei O. M. Ungers, Frankfurt/Main. Ab 1990 Geschäftsführender Gesellschafter KSP Architekten, seit 1998 gemeinsames Büro mit Michael Zimmermann.

Jürgen Engel, Dipl.-Ing. Architect, S.M. Arch./MIT, was born in 1954; studied at the TU Braunschweig, ETH Zürich, RWTH Aachen and at MIT, Cambridge, USA. 1982–1986 worked for Schneider-Wesseling Architekten, Cologne. 1986–1989 Office Manager for O. M. Ungers, Frankfurt/Main. As of 1990 Managing Partner KSP Architekten, since 1998 joint office in collaboration with Michael Zimmermann.

Jo. Franzke, Dipl.-Ing. Architekt, Jahrgang 1941; 1964–1966 Architekturstudium an der TH Braunschweig; 1969–1975 Architekturstudium an der TH Aachen; 1965–1972 Mitarbeit u.a. im Architekturbüro Prof. Franzke + Franzke in Essen; 1975–1980 Mitarbeit im Büro Schneider-Wessling und im Büro Busmann + Haberer in Köln; 1981–1985 Leitung des Frankfurter Büros von O.M. Ungers; 1986 Gründung des eigenen Büros in Frankfurt am Main; 2003 Gründung Partnerschaftsgesellschaft Jo. Franzke Architekten, Partner Jo. Franzke und Magnus Kaminiarz

Jo. Franzke, Dipl.-Ing. Architect, born 1941 in Berlin; 1964–1975 architectural studies in Braunschweig and Aachen; 1975–1980 employee at Schneider-Wessling architects and Busmann + Haberer architects, Cologne; 1981–1985 office manager for O.M. Ungers in Frankfurt/Main; 1986 formation of his own office in Frankfurt/Main; 2003 formation of the partnership company Jo. Franzke Architekten; partner Jo. Franzke and Magnus Kaminiarz

Volkwin Marg, Prof. Dipl.-Ing. Architekt BDA, geb. 1936 in Königsberg/Ostpreußen. 1964 Diplom an der TU Braunschweig. Seit 1965 freiberuflicher Architekt mit Meinhard von Gerkan, Mitbegründer von gmp Architekten von Gerkan, Marg und Partner, Hamburg. 1972 Berufung in die Freie Akademie der Künste Hamburg, 1974 Berufung in die DASL. 1979–1983 Präsident des BDA. 1986 Berufung an die RWTH Aachen, Fakultät Architektur, Lehrstuhl für Stadtbereichsplanung und Werklehre. Zahlreiche Preise und Auszeichnungen, Veröffentlichungen und Vorträge im In- und Ausland, zahlreiche Preisrichter- und Gutachtertätigkeiten.

Peter Cachola Schmal, Dipl.-Ing. Architekt BDA a.O., geboren 1960 in Altötting, aufgewachsen in Multan, Mülheim, Jakarta und Holzminden; 1981–1989 Architekturstudium, TU Darmstadt Architekt bei Behnisch & Partner, Stuttgart und ABE Architekten, Zeppelinheim. 1992–1997 Wissenschaftlicher Mitarbeiter TU Darmstadt bei Prof. Jo Eisele, 1997–2000 Lehrauftrag für Entwerfen II, FH Frankfurt. 2000 Kurator am Deutschen Architekturmuseum (DAM), seit 2006 Direktor. Deutscher Generalkommissar der VII. Internationalen Architekturbiennale Sao Paulo 2007. Kurator und Architekturpublizist in Frankfurt.

Volkwin Marg, Prof. Dipl.-Ing. Architect BDA, born 1936 in Kaliningrad/East Prussia. 1964, diploma from the TU Braunschweig. Since 1965, work as an independent architect with Meinhard von Gerkan, co-founder of gmp architects (Gerkan, Marg and partners), Hamburg; 1972, appointed to the Academy of Arts in Hamburg; 1974, appointed to the DASL (German Academy of Urban Development and Planning); 1979–1983, president of the BDA; 1986, call to the Faculty of Architecture at the RWTH Aachen, chair in urban area planning and practice. Numerous prizes and awards, publications, and lectures at home and abroad, frequent activity as prize juror and consultant.

Peter Cachola Schmal, Dipl.-Ing. Architect BDA a.O., born 1960 in Altötting, grew up in Multan, Mülheim, Jakarta and Holzminden; 1981–1989 study of architecture, TU Darmstadt, Architect at Behnisch & Partner, Stuttgart and ABE Architects, Zeppelinheim. 1992–1997 Assistant Professor, TU Darmstadt, Prof. Jo Eisele, 1997–2000 teaching Design, FH Frankfurt. 2000 Curator at Deutsches Architekturmuseum (DAM) Frankfurt, 2006 Director. German Commis-sary to VII. International Architecture Biennale Sao Paulo 2007. Architectural curator and publicist in Frankfurt.

Impressum
Imprint

Die Beiträge auf den Seiten 22–33 stammen von Michaela Busenkell und wurden mit freundlicher Genehmigung des Deutschen Architekturmuseums Frankfurt dem Band „Internationaler Hochhaus Preis 2008" (hg. von Michaela Busenkell/Peter Cachola Schmal, Berlin 2008) entnommen.

The articles on pages 22–33 were written by Michaela Busenkell and were first published in "The International Highrise Award 2008" (ed. Michaela Busenkell/Peter Cachola Schmal, Berlin 2008). They are reproduced here by courtesy of Deutsches Architekturmuseum Frankfurt.

Wettbewerbsbeiträge Competition entries
Konstantin August   Rückseite, 128 - 131
Jan Becker   104 - 107
Jan Conradi   Titel, 60 - 63
Leyla Dal   108 - 111
Sophia Dehlinger   92 - 95
Justus Dietz   132 - 135
Katja Eckhardt   124 - 127
Christine Fleckenstein   108 - 111
Emanuel Gießen   56 - 59
Margarete Goschler   120 - 123
Thomas Hoss   112 - 115
Florian Kallenberger   72 - 75
Karsten Klenk   Rückseite, 128 - 131
Katharina Koppe   96 - 99
Dennis Laufer   136 - 139
Vanessa Mader   92 - 95
Jan Monica   112 - 115
Alexander Oehme   116 - 119
Laura Pujades Rocamora   80 - 83
Stefan Roller   68 - 71
Tobias Roth   132 - 135
Jan Saggau   116 - 119
Erik Schäfer   100 - 103
Jochen Schütz   84 - 87
Daniel Seuffert   84 - 87
Arne Sommer   68 - 71
Lei Tao   64 - 67
Grete Terho   88 - 91
Dina Tiles   64 - 67
Jens Ullersperger   Titel, 60 - 63
Julia Url   76 - 79

Bildquellen Picture Credits
Eike Becker   19, Nr. 3
Patrick Bingham-Hall   30
Uwe Dettmar   14 oben top
Tim Griffith   31, 32, 33
Immobilienforum Frankfurt   10, 19, 55
Jo. Franzke Architekten   36, 40
Yong-Kwan Kim   24, 25, 26, 27 r.
KSP Architekten   48
Mass Studies Architects   27 l.
Klemens Ortmeyer   45
Stefan Schilling   46
Johannes Seyerlein   44
Solveig Struck   14 unten below
Jean-Luc Valentien   39, 41
WOHA   30 l., 33 r.

© 2008 by jovis Verlag GmbH
   und Dawud Dinawarie
Das Copyright liegt
für die Texte bei den Autoren sowie
für die Abbildungen bei den Fotografen
bzw. den Bildrechteinhabern.

Texts by kind permission of the authors.
Illustrations by kind permission of the photographers
and holders of the picture rights.

Herausgeber Editor
Dawud Diniawarie

Ansprechpartner Contact
Immobilienforum Frankfurt
Dawud Diniawarie
c/o build.ing.
Bockenheimer Landstr. 68
60323 Frankfurt am Main
Tel: +49 (69) 130 208 70
Fax: +49 (69) 130 208 80
info@immobilienforum-ffm.com
www.immobilienforum-ffm.com

Konzept und Redaktion Concept and Editing
Thorsten Dame
Gunnar Klack
Philipp Latinak
Anita Schlögl
Matthias Seidel

Übersetzung Translation
Lucinda Rennison
Geoffrey Steinherz
Jeremy Gaines

Gestaltung Design
Laufwerk B

Druck und Bindung Printing and Binding
Messedruck Leipzig GmbH

jovis Verlag GmbH
Kurfürstenstraße 15/16
10785 Berlin

Bibliografische Information Der Deutschen Bibliothek
Die Deutsche Bibliothek verzeichnet diese Publikation
in der Deutschen Nationalbibliografie;
detaillierte bibliografische Daten sind im Internet
über http://dnb.ddb.de abrufbar.

www.jovis.de

ISBN 978-3-939633-64-8

Diese Publikation wurde ermöglicht mit freundlicher Unterstützung von:
This publication was kindly supported by: